연애 성공을 위한
check point

연애 성공을 위한

check point

샘 로스 지음 / 서지혜 옮김

남성의 심리를 헤아리는 법
남성은 어떤 성격의 여자를 좋아할까?
매력적인 여성의 몸매 바꾸기 비결
남 성 을   매 로 시 키 는   처 세 술
남성을 사로잡는 대화와 에티켓
사랑을 오래 유지시키는 위 센스
사랑하는 남성과 섹스는 어떻게?

CHECK *POINT..*

본래 사랑의 신은 언제나 당신 편입니다.
　　당신이 진지하게 사랑을 전할 경우에는 한두 번 사랑에 상처를 입었다고 해서 결코 두려워할 필요는 없습니다. 당신을 기다리고 있는 사람이 반드시 있으니까. 사랑의 신은 당신이 사랑을 향해 나아갈 때 그 소원을 들어 주십니다.

우리 실정에 맞게 원문을 달리 표현해도 좋다고 허락한 샘 로스와.
책 출간에 많은 도움을 주신 하버드 대학의 이형기 씨에게 깊은 감사를 드립니다.

머 리 말

　세상에서 가장 아름다운 말은 '사랑'입니다. 그리고 가장 흔하면서도 소중하며, 마치 청량한 산소와 같은 향내를 풍기는 말이기도 합니다.
　이런 사랑의 말 속에는, 서로를 아끼고 위하는 배려의 마음과 함께 온갖 정성과 힘을 다하는 참된 마음이 있습니다. 특히 우리의 삶 속에서 누구나 한두 번씩 겪는, 이성에 끌리어 몹시 그리워하는 마음도 있습니다. 사랑이 문제가 되는 것은 바로 이 이성을 그리워하는 마음입니다. 더욱이 젊은이는 진정한 성인이 되기 위한 과정에서 이성간의 사랑은 피할 수가 없는 일입니다.
　따라서 젊은이들이 겪거나 겪을 사랑이라는 크나큰 주제를 어떻게 풀어나가느냐 하는 것이 무엇보다 중요한 사회의 관건이 되고 있습니다. 오늘날, 젊은이들의 모습은 놀라우리만큼 바뀌어졌습니다. 겉모습뿐만 아니라, 말이나 행동, 생각과 표현 양식 자체까지 과거 어느 세대보다 자유 분방하고 튀는 경향이 일고 있습니다.
　하지만 삶의 경험이 아직 적은 그들이 막상 가정을 이루기 위한 어귀에서 갑작스레 사랑이라는 문제와 맞닥뜨렸을 때는 대다수가 당황하거나 초조하거나 얼떨떨한 지경에 빠져들고 맙니다. 그래서 진실한 사랑을 알기에는 역부족일 뿐만 아니라, 본의 아니게 실수하여 영원히 돌이킬 수 없는 실연을 맛본다거나, 상대에게 깊은 상처를 입히는 경우도 많이 생기는 것 같습니다.

 이 책은 젊은이들이 겪는 수많은 사랑의 문제들을 어떻게 끌어안고 슬기롭게 풀어가느냐 하는 데 초점을 맞추어, 사랑의 참모습을 되짚어 볼 수 있게 했습니다. 성숙한 한 남자와 여자가 만나는 시작점에서부터, 서로 만나 사랑을 주고받는 온갖 과정과 방법들, 또 결혼에 이르기까지, 풍부한 사례들과 함께 흥미로운 일화 등을 곁들여 다정 다감하고도 감미롭게 설명하고 있습니다. 더욱이 젊은이들은 혈기 왕성함과 비례하여 개인주의와 이기주의적인 색채가 강해 자칫 쉽게 헤어지는 아픔을 겪게 되므로, 이별 및 그 이후까지 어떻게 대처하고 이끌어나가는 것이 현명한가를 실례를 들어 당당하게 파헤쳐 주고 있습니다.

 이 책의 중요한 내용은, 사랑을 위해 자신의 존재를 알리는 방법과 어떻게 하면 좋은 연인을 만날 수 있는지, 만나서 과연 어떤 기술로써 배우자를 선별할 수 있는지, 남성들이 원하는 여성상은 어떤 것인지, 실연에 대처하는 방법, 남성들의 감추어진 내적 심리, 사랑을 하면 예뻐지는 이유와 더욱 예뻐지는 키 포인트는 무엇인지, 자신만의 매력으로 연인을 만드는 방법, 사랑받는 여자가 되기 위한 요령 등을 싣고 있어 청춘 남녀들에게 꼭 필요한 책이라 확신합니다. 그리고 각 장의 여백에 '러브 아포리즘(Love Aphorism)'을 꾸며 진정한 사랑의 진리를 새롭게 음미하도록 했으며, 요즘처럼 성을 상품화하고 있는 시대에 사랑을 표현하는 테크닉까지 솔직 담백하게 표현함으로써 '사랑의 카운슬링' 역할까지 해 주는 것 역시 또 하나의 특징입니다.

바라건대 젊은 남녀들은 이 책을 몇 번이라도 읽어, 지금까지 방황하는 모든 사랑의 문제들을 해결하고, 알찬 사랑의 열매를 수확하기 바라며, 또한 새로운 사랑을 찾아 떠나는 분들도 반드시 읽고 뜻을 이루시길 빕니다.

옮긴이

저자의 말

살아가다 불현듯 어떤 어려움을 만나면 우리는 '어머니' 하고 소리치며 매달리게 됩니다. 그리고 나서 일이 잘 풀릴 때는 이렇게 말합니다.
"어머니, 감사합니다!"
그러나 막상 일이 잘 되지 않을 때는,
"세상에, 어머니라고 해서 모든 일을 다 해결해 주시는 건 아니야."
라고 말하는 경우가 많습니다.
그러나 '진실한 믿음에는 행복이 뒤따른다'는 말을 한번 믿어보십시오. 그토록 당신이 바라던 사랑이 좀처럼 이루어지지 못했다고 가정합시다. 그것은 너무나도 괴롭고 안타까운 일이겠지요.
그러다가 문득 지나가다 스친 어떤 사람에게 마음이 끌리는 경우가 있습니다. 이루어질 수 없는 사랑을 지켜보는 것이 너무나 괴로워서 이내 고개를 돌려 버리게 됩니다. 그 때 당신은 잠시나마 첫사랑의 괴로움을 잊을 수 있습니다. 그러나 그것은 잠시뿐입니다. 당신 스스로 자신의 마음을 속이고 있을 뿐입니다.

잠시 동안 색깔이 다른 사랑이 당신의 마음을 스쳤을 때, 그것이 처음의 사랑과는 색깔이나 형태가 다르다는 사실을 의식하는 순간, 당신은 당황하게 될 것입니다. 그러면 또다시 깊은 상심에 빠져 방황하게 됩니다.

아무리 깊은 상처로 고통받았던 사랑이라 해도 뒤돌아보면 아름답게 느껴지기도 합니다. 미워했던 과거의 남자도 그리워질 때가 있으니 그것이 어찌된 일일까요?

그것이 바로 사랑의 본질입니다.

우리의 인생은 고통과 고난의 연속입니다. 그러나 사랑이 있기에 살아갈 수 있습니다. 이 세상에서 가장 눈부신 것, 그것은 바로 '사랑'입니다.

고통도 슬픔도 진정한 사랑을 찾아가기 위한 의미 있는 길이라고 생각하고 그것을 이겨내십시오.

이 세상 어딘가에 당신이 그리워하는 '운명의 사람'이 반드시 꼭 한 사람 있을 겁니다. 당신이 아직 그 존재를 가까이 느끼지 못했을지도 모릅니다.

그렇지만 당신이 그저 방에 틀어박힌 채 무릎을 꿇고 손톱만 깨물면서 '언젠가 누군가가 이 문을 열어줄 거야' 하고 생각만 하고 있다면 '운명의 사람'은 당신 곁에서 더욱 멀어져 갈 뿐입니다. 즉, '사랑의 신'은 당신에게 다가오지 않는다는 말입니다.

운명이란 그것을 흔들어 깨우는 에너지입니다. 사랑은 당신 손으로 직접 잡아야 합니다. '느긋하게 기다리고만 있다면' 운명은 열리지 않습니다.

또한 언제까지나 과거에만 매달려서 가능성도 없는 사람을 뒤쫓거나 기다려도 그 사랑은 열매를 맺지 못합니다. 그것은 당신 자신이 누구보다도 잘 알고 있을 것입니다.

'사랑의 신'은 언제나 당신 편입니다. 그러나 거기에는 조건이 있습니다. 당신이 얼마나 적극적인 자세로 있는가 하는 것입니다. 다시 말해 당신이 얼마나 당신 손으로 사랑을 잡으려 하는가, 그것에 달려 있습니다.

당신이 적극적으로 사랑을 향해 열심히 나아가고 있을 때 '사랑의 신'은 반드시 소원을 들어주십니다. 한두 번 사랑에 실패를 했다고 해서 결코 두려워할 필요는 없습니다. 당신을 기다리고 있는 사람이 이 세상에는 반드시 있을 테니까요.

자, 그럼 이제 이 책을 넘기기 전에 사랑에 대해서 당신이 우선 적극적인 마음 자세를 가지시기 바랍니다. 그렇게 하면 '사랑의 신'은 오늘부터 당신 곁에 편안히 있을 겁니다.

항상 미소를 잃지 말고, 당신의 웨딩 드레스를 입은 모습을 매일같이 몇 번이고 마음 속에 그려보십시오.

그러면 반드시 소원은 이루어집니다.

샘 로스

contente

머리말 5 |
저자의 말 8 |

part1

사랑을 위해 당신의 존재를 알리는 방법

자기 타입의 파랑새 잡기 21 | 홀로 지낸 방에서 탈출하기 24 | 사랑이라는 이름에 걸맞은 사랑법 28 | 지금 당장 멋진 사랑 찾기 31 | 사랑을 몸으로 표현하기 34 | "어차피"라는 말은 이제 그만 40 | Falling in Love 43 | 사랑의 환상에서 깨어나기 49 | 감미로운 유혹에서 벗어나기 52 | 불필요한 자존심 버리기 55 | 실연한 횟수만큼 더 성숙하기 58 | 과거의 상처는 묻어두기 60 |

part2

남성들의 심리를 알면 사랑에 성공한다

문어다리식 사랑의 남성 심리 67 | 결혼에 대한 남성의 심리 70 | 남자에게 체면 세워주기 73 | 연인의 성격 알아내기 76 | 건드리지 말아야 할 연인의 자존심 80 | 전화 한 통화로 감동 주기 83 | 연인이 좋아하는 선물로 감동 주기 85 | 사랑과 섹스에 대한 편견 87 | 남성의 밀고 당기기 심리 90 | 여성을 원하는 남성의 심리 93 | 섹스에 대한 남성의 심리 96 |

part3

진정한 연인이 되기 위한 방법

경험으로 아름다운 내면 다지기 101 | 풍부한 인간미로 행복 가꾸기 103 | 사랑의 줄다리기에서 여유 찾기 106 | 소녀 같은 사랑스러움으로 승부하기 109 | 연인을 위한 곡선 몸매 만들기 111 | 남성들이 바라는 연인상(像) 114 | 연인 앞에서 가면 벗어던지기 116 | 품위 있고 맛있게 잘 먹기 118 | 웃는 얼굴 보이기 120 | 자신의 선택에 후회 안하기 122 |

part4

자신만의 매력으로 연인을 만드는 방법

브랜드에 빠진 여자, NO 133 | 여성다운 매너로 사랑의 점수 따기 136 | 자기 어필 조절하기 139 | 타산적인 사랑, NO 141 | 사랑은 미지수, 연애는 자유형 143 | 매력을 끌게 하는 요령 146 | 연인의 두려움을 설렘으로 바꾸기 149 | 지켜주고 싶은 사랑 만들기 154 | 지나친 사랑에서 빗나간 질투 157 | 심술궂고 냉정한 결점 극복하기 160 | 연인과 헤어지는 이유 163 | 자신과 연인을 위해 금연하기 166 |

part5

사랑받는 여자가 되기 위한 방법

"사랑해"라는 고백 받아내기 171 | 남성들이 혐오하는 타입에서 벗어나기 174 | 따스한 가슴으로 안아주기 177 | 예쁜 여자보다 하트 미인 179 | 사랑으로 예뻐지기 182 | 애매한 대답을 들을 때는 냉정하게 187 | 타산적인 사랑에서 벗어나기 190 | '진짜 연인' 가려내기 193 | 이상형 연인 찾기 195 | 우유부단한 남성 쫓아내기 198 |

part6

당신의 사랑을 오래도록 간직하는 방법

참된 사랑을 위한 지름길 207 | 올바른 사랑의 대상 구별법 210 | 후회하지 않는 연인으로 남기 212 | 사랑의 감동으로 열매 맺기 215 | 사랑을 오래 유지하는 방법 218 | 지나친 열정은 절대 금물 221 | 연인에게 세심한 배려를 224 | 사랑을 위한 휴식기 227 | 매력적인 여자로서의 테크닉 230 |

part 7

연인 앞에 아름다운 여성으로 거듭나는 방법

화장 후 체크 포인트 235 | 작은 얼굴 윤곽 만들기 238 | 연인이 좋아할 헤어 스타일 241 | 맵시 있게 옷 입기 243 | 신발로 패션 마무리 246 | 사과 다이어트로 몸매 가꾸기 248 | 연인을 위한 향수 만들기 251 | 일상에서 지성적인 여성으로 253 |

사랑을 위해 당신의 존재를 알리는 방법

사랑은 기다리는 게 아니라 전해지는 것입니다. 그래, '이 사람이야!' 하고 생각되는 남성이 있으면 무엇보다 우선 당신의 존재를 알려야 합니다.

자기 타입의 파랑새 잡기 21
홀로 지낸 방에서 탈출하기 24
사랑이라는 이름에 걸맞은 사랑법 28
지금 당장 멋진 사랑 찾기 31
사랑을 몸으로 표현하기 34
"어차피"라는 말은 이제 그만 40
Falling in Love 43
사랑의 환상에서 깨어나기 49
감미로운 유혹에서 벗어나기 52
불필요한 자존심 버리기 55
실연한 횟수만큼 더 성숙하기 58
과거의 상처는 묻어두기 60

자기 타입의 파랑새 잡기

　사랑에 있어서는 무엇보다도 출발선이 매우 중요하다는 것을 알아야 합니다. 갑작스레 접근하느냐, 아니면 좀 느리게 접근하느냐 그때그때의 상황에 따라 다릅니다.
　하지만 갑자기 접근해서 실패한 사람이라면 방법을 조금 바꾸어 보는 것도 좋습니다.
　'난 그이가 정말 좋아.'
　마음 속으로 이렇게 결정한 순간, 상대가 자기 손안에 이미 들어왔다고 생각하는 여자, 이런 타입의 여성은 항상 사랑을 성급하게 찾으려 합니다.
　상대방도 공교롭게 당신과 같은 타입이어서 그 타이밍이 서로 맞으면 더 바랄 것이 없겠지만, 실제로 그럴 가능성은 1퍼센트도 되지 않습니다. 오히려 너무 서두르다가 사랑의 파랑새를 놓쳐 버리는 일이 많이 생깁니다.

그런 경험이 있는 사람이라면 분위기가 무르익을 때까지 느긋한 마음으로 기다려 보세요.

상대방에게 전화 번호를 가르쳐 주는 것도 그를 좀더 이해할 수 있는 하나의 방법입니다.

물론 마음이 분명하게 와닿는 것이 있을 때 즉시 반응하는 것도 중요합니다. 하지만 과거에 이런 행동으로 실패를 본 사람은 그 경험을 거꾸로 해서 꼼꼼히 살펴보세요.

먼저 조심스럽게 다가갑니다. 그리고 상대가 시선을 떨굴 때는 뚫어지도록 바라보세요.

잊지 말아야 하는 것은 언제 어디에서건 부드럽게 웃는 얼굴을 해야 합니다.

언제나 성급히 서둘러서는 안 됩니다. 일단 사랑이 시작된 이상 그렇게 쉽게 달아나지는 않는 법입니다.

오히려 초조하게 하는 사랑이 오래 지속될 수 있습니다.

이러한 점들을 꼭 머리에 새겨 두세요.

그런데 앞의 이야기와는 달리, 항상 좋아한다는 감정을 억제하는 사람이라면 먼저 이쪽에서 말을 걸어봅니다.

비록 당신이 먼저 말을 걸었다 하더라도 반드시 어느 면에서는 수줍음이 남아 있을 것입니다. 그것이 남성의 마음을 사로잡을 수 있는 기회도 됩니다.

당신은 어쩌면 과거에 일부러 좋아하는 사람 앞에서,

"사실 나는 당신에 대해서 별로 관심을 가지지 않았어."

하고 내숭을 떤 적도 있을지 모릅니다.

그 내숭이 어쩌면 당신을 사랑에서 멀리 떨어지게 한 원인이었다면, 이번에는 똑같은 실패를 되풀이해서는 안 됩니다.

'난 그를 정말 좋아해.'

라는 반응이 마음에서 불길처럼 일어나면 즉시 그에게 다가가세요.

지금까지 잠자고 있던 자기 자신을 불러일으켜 자기 타입에 맞는 방법으로 사랑에 도전해 보는 거예요. 자기 타입의 파랑새를 이번만큼은 꼭 잡아보세요.

Love Aphorism

사랑에 있어서 첫번째의 계기는 내가 나만으로서의 독립한 인격이고자 하지 않는 것, 또 그렇다고 하더라도 그 때에는 나는 자기를 결점이 많은 불출봉한 것으로 느낀다는 것이다.

두 번째의 계기는 내가 한 사람의 다른 인격 속에서 나 자신을 획득하는 것, 내가 다른 사람 속에서 보람을 얻으며, 또 다른 사람도 내 속에서 그렇게 되는 것이다.

- 헤 겔 -

홀로 지낸 방에서 탈출하기

최근에 모 일간지의 여성란에 "'인연이 생기지 않는 여자'가 부쩍 늘어나고 있다"는 기사가 실린 적이 있습니다. 주변을 아무리 살펴보아도 '연인이 없다'고 한탄하는 여성들이 많아졌다는 데 놀라움을 감출 수 없습니다.

지금까지 자기 주변에는 훌륭한 남성들만 있다고 기고 만장하던 여자들마저 근래에 들어 갑자기 그 위세가 꺾이고 있습니다.

"결국 한 사람뿐이야. 진정한 연인은 오로지 한 사람밖에는 없어."

이것이 최근 들려오는 목소리입니다. 분명 그렇습니다.

그런 당연한 일을 많은 여성들이 적령기가 되어서야, 아니 적령기를 넘기고 나서야 느끼게 되는 경우가 많습니다.

그런데 문제는 지금부터입니다.

"네, 바로 이분이에요."

이같이 당당히 자신 있게 말하지 못하기 때문에 사랑이 어려워지는 것입니다.

이렇게 되면 여성들의 한숨은 쌓여만 갈 뿐입니다.

그렇다고 해서 동병 상련이라고 똑같은 입장의 여자들끼리 모여 수다를 떨어봤자 해결되는 것은 아무것도 없습니다.

물론 서로 고민을 나눌 수 있는 사람들끼리 마음을 터놓으며 의지하고 싶겠지요. 그러한 심정은 충분히 이해되고도 남지만, 그렇다고 자기네끼리 말만 되풀이하는 동안에는 결코 사랑을 만날 수 없습니다.

따라서 그냥 모여서 한숨만 쉬고 있다면 어느 누구도 당신을 행복하게 해 주지는 못합니다. 이런 경우의 여성 대부분은 자기의 행복을 찾는 일만 해도 힘겨운 상태이거든요.

예컨대 밤 늦게 전화해서,

"멋진 남자는 어디에도 없다니까."

하고 투덜대는 여자 친구들은 사실은 당신의 라이벌입니다.

특히 친한 친구일수록 강력한 라이벌이 되기 쉽습니다.

"천만의 말씀, 그런 일은 우리 사이엔 있을 수 없어요!"

라고 자신 있게 말하기 전에 먼저 생각해 보세요, 당신의 친구가 왜 그렇게 밤마다 당신과 그토록 긴 시간 동안 전화 통화를 하는지를 말입니다.

당신의 여자 친구들은 연인을 갖지 못한 당신을 보고,

'내가 애보다는 어쩌면 더 나을지도 몰라.'

속으로는 이렇게 생각하며 자신을 위안하고 있을지도 모릅니다.

그런 심정은 입장을 바꿔 생각해 보면 쉽게 이해할 수 있을 겁니다.

당신이 외로움에 항상 젖어 있을 때 연인이 있는 친구와 만날 수 있

part1 사랑을 위해 당신의 존재를 알리는 방법

겠습니까? 아닙니다.

당신 처지와 같은 사람이거나, 또는 실연당한 사람, 이를테면 당신보다 고독한 사람과 이야기를 나누다 보면 위안을 얻거나 위로가 되는 것은 어쩌면 당연합니다.

바로 그겁니다.

그러나 그렇게 하다 보면 당신은 바로 '연인을 구하지 못하는 여자'로 낙인 찍히고 있는 것입니다.

최근에 들어 직업에서는 당당하면서도 연애에서는 자립하지 못하는 여성들이 많은 이유는 너무 똑같은 처지의 여자들끼리만 어울리기 때문입니다.

그렇게 당신이 지내는 한 다가올 내년의 오늘에도, 후년의 다음날까지도 당신은 방에서 홀로 외로이 지낼 수밖에 없습니다.

한번 생각해 보세요. 이 얼마나 끔찍한 일인가요?

지금 바로 시작하세요. 자, 한시라도 빨리 털고 일어나세요.

그리고 당당하게 '연인을 갖고 싶다'고 선언하면서 주위의 시선을 끄는 겁니다. 그 깃발은 가급적 커야 하며, 남성들의 눈에 잘 띄어야 합니다.

사무실에서도, 전철 안에서도, 친구의 결혼식에서도, 당신이 걸어가는 어느 곳에서도 당신의 깃발을 흔들어 보세요.

'어떻게 그런 짓을…… 창피하게'

하는 생각이 들지도 모릅니다.

처음에는 당연히 이상한 여자로 보이지 않을까 망설여질 거예요. 하지만 마음을 굳게 먹고 해 보세요.

혼자 방 안에 박혀 속만 태우고 있으면 '사랑의 신'은 결코 당신의 문을 노크하지 않습니다.

지금 당장이라도 '나는 연인을 갖고 싶다'고 선언하고, 주위로부터 시선을 끌도록 합시다. 깃발을 크게 흔드는 것은 결코 수치스런 행위가 아닙니다.

사랑은 기다림이 아니라 전하는 것입니다.

'그래, 이 사람이야!'

하고 생각되는 남성이 있으면 바로 그 자리에서 곧바로 당신의 존재를 알려야 합니다.

이것이 사랑의 출발점입니다.

Love Aphorism

연애를 하는 사람의 첫째 조건은 그 마음이 무엇보다 순결해야 한다. 상대방의 인격을 존중하지 않고는 진실한 연애를 할 수가 없다. 또 그 마음과 의지가 흔들림이 없어야 한다.

신 앞에서도 부끄러움이 없고, 어느 누구 앞에서도 대담성이 있어야 하며, 장애에 굴하지 않는 용기를 지녀야 한다.

이와 같은 조건이 갖추어졌다면 그것이 참된 애정이고, 진실한 연애이다.

- 지 드 -

사랑이라는 이름에 걸맞은 사랑법

다수의 여성들은 연인을 뜨겁게 사랑하지만, 연인이 자유로운 생활을 하도록 하기보다는 자신에게 구속되어 주기를 바랍니다.

사람은 자신을 위해서 누군가를 사랑할 수 있다고 합니다.

하지만 꼭 그렇다고만 볼 수 없어요. 그런 것은 상대에 대한 애착에 불과하다고 생각하기 쉽습니다.

자신을 위해서만 연인을 사랑하는 여자일지라도 연인 없이는 지낼 수가 없습니다.

가령 연인이 일요일마다 축구 시합을 구경하는 것이 즐거움일 경우, 영화나 연극 쪽을 좋아하는 여자는 말합니다.

"자기를 사랑하지만 그 취미는 그냥 따라갈 수가 없어요."

연인이 여행을 하고 싶다고 말하면 무심한 에고이스트는 쏘아붙입니다.

"난 여행 같은 건 별로예요. 당신과 함께 그냥 여기 있는 편이 훨씬 즐거울 것 같아요."

그녀는 자기가 마치 대단히 이해심이 많으며 너그러운 여자라고 생각하는지 모르지만, 그런 생각은 잘못된 것입니다.

이번에는 남을 위해서만 사랑하는 사랑을 살펴 볼게요.

이러한 사랑을 위해 노력하는 여자는 선물에 대해,

'나 자신이 원하는 것은 무엇일까?'

라는 생각보다,

'그이가 이것을 원할까?'

하고 오히려 연인의 입장에서 생각합니다.

바로 이 '사랑의 방식'이야말로 참되고 올바른 사랑법입니다. 즉, 사랑이라는 이름에 걸맞은 사랑법입니다.

연인으로부터 받는 즐거움과 만족을 위해서만 그 사람을 사랑하는 것은 에고이스트가 고집하는 자기 나름대로의 만남의 형태에 불과합니다.

진실한 사랑은 연인에게 모든 것을 주고 싶을 뿐 자기 자신을 위한 욕구가 크지 않습니다. 다시 말해 약간의 애정과 약간의 존경과 약간의 감사 정도일 뿐입니다.

당신의 연인이 올곧은 생각을 갖고 있다면, 이와 같은 여자의 헌신적인 사랑에 언제나 애정과 존경으로 다가올 것입니다.

하지만 이렇게 아낌없이 주는 사랑이 애정이나 존경을 얻기 위한 계산된 수단이어서는 안 됩니다.

연인을 진정 사랑하고 있는 여자는 연인의 감정을 진심으로 생각하고, 이윽고 그 감정을 자기의 것으로 소화하게 됩니다.

진정한 사랑을 담아 주는 그러한 선물이야말로 그것을 받는 사람과 마찬가지의 기쁨을 당신에게 줄 것이 분명합니다.

또한 자신의 희생으로 떠나는 삶의 여정은 연인의 기쁨인 동시에 당신에게도 기쁨이 됩니다.

그러므로 여인을 위한 진정한 사랑이야말로 결국은 자기 자신을 사랑하는 유일하고 진실된 사랑의 방법이지요.

Love Aphorism

증오는 인생을 혼란시키지만, 진실한 사랑은 인생을 조화시킨다.
증오는 인생을 어둡게 하지만 진실한 사랑은 인생을 밝게 한다.
- 마틴 루터 킹 -

지금 당장 멋진 사랑 찾기

이른바 싱글족 여자 주위에는 으레 같은 타입의 여자들이 모이기 마련입니다.

보잘것없는 남자와 어울리는 것보다는 왠지 그쪽으로 자꾸 마음이 끌립니다.

그것은 바로 같은 입장의 여자끼리에서 오는 편안함 때문입니다. 하지만 바로 이런 행동이 여자들을 정신적인 추녀로 만들어 버리는 요인입니다.

그렇다면 어째서 사랑을 하면 아름다워지는 걸까요?

대답은 간단합니다. 그것은 사랑의 위대한 힘 때문입니다.

사랑에서 나오는 힘이 몸과 마음에 윤기를 더해 주거든요.

"나 역시 그런 힘을 느끼고 싶어. 그런데 어디로 가야 사랑을 얻을 수 있지? 찾아 헤맨다고 해서 당장 사랑을 얻는 것도 아닌데?"

지금 이런 말을 내뱉는 순간, 불쌍하게도 당신은 더욱더 심한 정신적 추녀가 될 뿐입니다.

거울 앞에 서서 당신의 눈을 자세히 살펴보세요. 생기를 잃은 당신의 눈동자를 보는 순간 자신에게 안됐다는 생각이 들지 않나요?

멋진 연인이, 당신이 원할 때 곧바로 당신 앞에 나타나 준다고는 확실하게 말 할 수 없습니다.

하지만 '연인을 꼭 찾아내겠다'라는 의지가 확고하다면 당신으로 하여금 사랑에 접근시켜 준다는 사실만은 분명합니다.

미혼 여성들끼리 모여 힘없는 눈을 껌벅거리며 종알거리는 모습을 보고 남자들이 과연 매력을 느낄 것으로 생각하나요?

만약에 입장을 바꿔 당신이 남자였다면 그런 여성에게 접근을 하겠습니까?

어느 일요일 오후, 한 레스토랑에서 여자들끼리 모여 앉아 수다를 떨면서 옆에 앉아 있는 행복한 남녀를 부러운 눈길로 힐끔거리며 훔쳐 보는 장면을 간혹 볼 수 있습니다.

그럴 때면 얼핏 이런 생각이 듭니다.

'한창 좋을 꽃다운 나이에 저렇게 따분하게 시간을 보내고 있다니, 정말 한심하구나.'

별로 유익하지도 않는 모임보다는 차라리 미술관에라도 가서 그림을 감상하거나, 연주회에서 음악을 감상한다거나, 또는 스케치 북을 들고 가까운 공원에라도 가보는 것은 어떨까요?

다시 말해 가련한 눈길로 다른 커플을 부러워하고 앉아 있기보다는 자신을 위해 좀더 실질적인 시간을 보내는 것이 몇 배나 더 의의가 있습니다.

그 밖에도 사랑의 힘을 느끼는 방법은 많이 있습니다.

싱글끼리에서 오는 위안과 편안함 속에 파묻혀 있다가는 마지막에는 반드시 한 사람만 외톨이로 남게 된다는 사실을 알아야 합니다.

어쩌면 그 사람이 바로 당신일지도 모릅니다.

결국 자기 자신을 행복하게 해 줄 수 있는 사람은 당신밖에 없다는 사실도 빨리 깨달아야 합니다.

자, 지금 당장 멋진 사랑을 찾으러 일어나세요.

Love Aphorism

사랑이 없는 삶, 사랑하는 사람이 없는 생활, 그것은 하찮은 환등기가 비춰주는 쇼에 지나지 않는다.

나는 슬라이드를 잇따라 바꿔 비춰보지만, 어느 것을 보든지 간에 모두가 시시해서 다시 되돌려 놓고는, 다음 슬라이드를 다급히 바꾸고는 한다.

- 괴테 -

사랑을 몸으로 표현하기

20대에 가장 소중하고 가치 있는 것, 절대적으로 생각해야 하는 것은 바로 '사랑'입니다.

이 사랑이야말로 인생에서 매우 중요합니다. 특히 전 생애를 통틀어 누구에게나 가장 절실한 것은 남녀의 사랑입니다.

꼭히 결혼을 전제로 하는 그런 현실적인 형태가 아니라, 순수한 사랑이야말로 절대적인 것입니다.

그래서 대부분의 사람들은 타산적으로 사랑하는 사람을 몹시 경멸합니다.

온순한 얼굴을 하고, 천연덕스럽게 결혼과 연애는 별개라고 말하는 '양가집'(본인만 양가라고 생각할 뿐 실제는 단순한 샐러리맨의 딸인 경우가 대부분임) 자녀를 대단한 혐오감으로 보고 있습니다.

'사랑'은 그야말로 인생의 전부입니다. 그러나 그에 비해서 좋은 남자는 만나기가 어렵습니다.

막상 연애에 깊숙이 빠져 있을 때는 몸과 마음이 판단 기능을 떨어뜨려 설령 못난 남자라도 잘난 남자로 착각하고 있는 경우가 있고, 또는 좋은 남자라고 자기가 스스로를 위로하는 경우도 있습니다.

〈행복하면 손뼉을 쳐라〉는 제목의 노래가 있습니다. 그 노래 가사 중에는 '행복하면 몸으로 표현하라'는 말도 나옵니다.

물론 남녀가 만나 곧바로 서로 일치한다고는 할 수 없지만, 서로 좋아지면 몸으로 표현하십시오. 여기서 '몸으로 표현하라'는 뜻이 동물처럼 직접 몸으로 구애 행동을 하라는 건 아닙니다.

이를테면 인간에게는 다른 동물과는 달리 언어라는 강력한 의사 소통의 도구가 있기 때문에, 그것을 사용하라는 뜻입니다.

그렇지만 어떤 사람을 사랑하게 되었을 때, 곧바로 상대에게 '당신을 사랑해요'라고 말하기는 힘든 법입니다.

보통 때 내성적인 사람은 물론이지만, 무슨 일에나 적극적이고 도전적인 사람이라도 이런 종류의 말만은 아무 힘 들이지 않고 털어놓기는 어렵습니다.

오히려 연인 앞에서는 평소 때와 같이 자연스럽게 자신을 표현하는 것이 어색해 그렇지 않은 듯이 행동하는 경우가 더 많은 법이지요.

그러나 마음 속으로는 아무리 연인을 사랑하고 있더라도 아무 말도 해 주지 않고 그냥 지나간다면 그 마음이 상대에게 전해지지 않습니다.

서로의 눈이 마주친 순간 불꽃이 튀어 사랑에 빠지는, 이른바 첫눈에 반한 경우는 예외적으로 말을 하지 않아도 서로의 마음이 통할지도 모릅니다.

그렇다고 해도 그 후 어떠한 형태로든 자신의 마음을 전하지 않는다

part1 사랑을 위해 당신의 존재를 알리는 방법

면 그 사랑은 발전되지 않게 마련입니다.

그러므로 말로써 직접적으로 상대에게 자신의 마음을 고백하는 일이 도저히 어려워서 말하지 못하겠다면 그 대신 다른 방법을 생각해 내야 합니다.

예컨대 상대의 생일에 선물을 하는 것도 하나의 방법이 되고, 그 때 편지 같은 방법으로 자신의 마음을 전할 수 있으면 가장 좋습니다.

최근에는 생일뿐 아니라 발렌타인 데이나 화이트 데이, 크리스마스, 또는 연말·연시 등 선물할 기회는 많습니다.

따라서 그것을 핑계삼아 선물하는 것으로 간접적인 방법의 호의를 전하는 일은 그다지 어렵지 않습니다. 이 방법은 의외로 효과도 있습니다.

또 연인이 같은 직장 내에 있을 경우는 사내 야유회나 서클 활동, 동호회 등을 이용하는 것도 좋은 방법이 됩니다.

이런 곳에서는 모두가 일에서 해방되어 긴장이 풀어져 있기 때문에 어떤 식으로든 사랑을 표현할 기회가 많아집니다.

다시 강조하건대 사랑을 수동적으로 기다리기만 해서는 안 되며, 적극적으로 사랑을 창출해 낼 묘안도 필요합니다.

상대가 자주 가는 카페에 우연을 가장해 가보든지, 상대가 매일 타고 내리는 역에서 우연인 것처럼 만나는 것도 좋은 방법입니다.

이러한 행동은 결코 잘못된 생각이나 나쁜 일이 아닙니다. 이 정도의 적극성은 당신이 간절하게 원하는 사랑을 이루기 위해서는 오히려 필요합니다.

지난 시대에는 사랑의 고백은 오로지 남자만이 하는 것, 여자는 단지 그것을 기다리기만 하는 것으로 인식되어 있었지만, 지금은 이미 그러한 케케묵은 사고가 빛을 잃은 지 오래입니다.

자, 지금 당신에게는 연인이 있다고 칩시다.

아니, 사랑까지는 발전되지 않았더라도, 당신의 연인으로 발전할 가능성이 있는 상대를 발견했다고 합시다.

그렇지만 여성 잡지의 인생 상담란 등을 보면 아직도 많은 여성들이 연인을 구하지 못했다는 둥, 사랑을 하지 못하고 있다는 둥의 고민이 자주 게재됩니다.

그녀들은 그다지 얼굴이 못난 것도 아닙니다.

교제도 남만큼은 하고 있고, 남자 친구가 없는 것도 아닙니다.

일반적인 사회 상식이나 교양까지 갖추고 있습니다.

그런데 이렇다 할 연인이 생기지 않습니다.

'다른 사람들은 모두 제각기 연인이 있어 즐거워하는데, 왜 나만이 상대를 찾지 못할까?'

이런 생각을 하고 있는 여성들이 있다면 가장 먼저, 자신의 무의식 중에 남자들이 '싫어하는' 타입 속에 들어 있지 않은가 반성해 보는 것이 중요합니다.

'자신도 모르는 사이에 교양 없이 행동하고 있지 않은가?', '지나치게 자기 본위이지 않은가?', '퉁명스럽고 냉정한 여자로 보이지는 않는가?', '귀염성을 잃은 것이 아닌가?' 등등 여러 가지 요소를 곧바로 지금 한번 되돌아보는 것이 필요합니다.

그런데 자기 반성을 한다는 건 말만큼 그렇게 쉬운 일은 아닙니다. 자신은 여러 조건을 만족시키도록 행동하고 있다 해도 다른 사람이 그렇게 봐주지 않는 경우도 많습니다. 혹 그런 때는 친한 친구를 통해 객관적으로 정직하게 자신의 단점을 지적받아 보는 것도 좋습니다.

보편적인 여성인데도 연인이 생기지 않는다면 역시 그녀는 조바심이 많을 뿐만 아니라, 무슨 일에나 억지를 부리는 태도, 또한 소극적이고 수동적인 자세를 가지고 있는 예가 대부분입니다.

지난 시대의 남성들은 좀 저돌적인 면이 있었습니다. 자기 마음에 들거나 좋아하는 여성이 생기면 그 여자를 차지하기 위해 곧장 돌진해 가는 면이 있었지요.

그렇지만 유치원 때부터 남녀 공학에서 교육받아 항상 '온순'하고 '친절'만을 듣고 보고 배워 온 지금의 젊은 남성들은 그런 야만적인 적극성에 그다지 익숙하지 않습니다.

그래서 마음 속으로는 좋아하면서도 그것을 분명히 말할 용기가 없습니다. 때문에 오늘날의 사랑은 단지 '기다리고만 있어서는 시작되지 않는다'는 마음가짐이 중요합니다. 그러므로 여성이 좀더 적극적이 되어도 좋은 시대입니다. 그렇다고 해서 일부러 이 남자 저 남자 사이를 왔다갔다 하거나, 남자의 유혹에 약해 누구에게나 응해도 좋다는 뜻은 아닙니다.

오히려 그런 일을 한다면 남자의 경멸만을 불러일으킬 뿐이지요. 어느 정도 '도도하게 군다'는 말을 들어도 좋습니다.

그것이 애교가 없는 태도이거나 거만한 자세라면 마이너스가 되겠지만, 애교가 있는 결벽성은 남자에게는 일종의 매력으로 비추어지기도 합니다.

왜냐 하면 '저런 도도한 여자를 내 사람으로 한다'는 사실에 남자는 대단한 자부심을 느끼기 때문입니다.

　당장 연인이 생기지 않는다고 애태우며 초조해할 필요는 없습니다. 연인이 영원히 생기지 않는 일은 결코 없습니다.

Love Aphorism

사랑을 하게 되면 믿을 수 없는 것조차도 믿게 된다.

- 브라우닝 -

"어차피"라는 말은 이제 그만

대체로 여자들은 이상하리만큼 필요 이상으로 자기를 낮추고 뒤로 물러서는 버릇이 있습니다. 예컨대 곁에서 보면 아무것도 아닌 하찮은 일에도 기분이 상해서 마음에 상처를 만들고, 그 상처를 바라보고 있는 사이에 점점 더 그 상처가 커져서 결국 그 상처 속에 침몰해 버리기도 합니다.

그런데 그 원인을 살펴보면 대다수가 하찮은 실연의 상처에서 오는 것 같습니다.

어차피 나는 못생겼으니까…….

어차피 나는 잘못 태어났으니까…….

어차피 나는 능력이 없으니까…….

이런 식으로 먼저 자기 자신을 낮춰 버립니다. 물론 한두 번 정도야 남성으로부터 비롯된 센티멘털리즘에 빠져보는 것도 무방합니다.

그러나 그런 일이 거듭될수록 거기에서 빠져나오기 어렵게 됩니다.

그것은 대단히 위험한 일이기도 합니다.

왜냐 하면 일종의 '병'이기 때문이지요.

어떤 모임이 있을 때마다,

'나는 어차피 인기가 없으니까.'

하는 식으로 나약하게 생각하면서 그 자리에 있는 사람들을 피하고, 얼굴에는 어두운 그림자를 드리웁니다. 그렇게 되면 마음 속은 점점 더 칠흑같이 어두운 나락으로 떨어지고 맙니다.

결국 이런 여성은 남성이 자기에게 호감을 갖고 있는 줄도 모르고, 자기 스스로를 '어차피……'라는 병에 걸려 들게 하는 셈이지요.

분명한 것은, 우울한 표정은 어디를 가거나 환영을 받지 못합니다.

이러한 여성들은 실제로는 매력적인 웃는 얼굴을 갖고 있는 데도 자기의 매력을 스스로 지워 버리고 있습니다.

얼굴의 생김새는 제각기 다르지만, 여성이라면 누구든지 다 매력적일 수 있습니다.

얼굴은 마음의 거울이라 합니다. 마음이 비뚤어져 있으면 아무리 외모를 가꾸어도 소용없습니다.

무엇보다도 대다수 남성들은 마음씨 고운 여성을 원합니다. 젊은 여성들이여, 만일 '어차피……'라는 병을 가지고 있다면 하루빨리 털어 버리세요.

그렇지 않고 그대로 내버려 둔다면 큰 손해만 볼 뿐 이득되는 일은 아무것도 없습니다.

프랑스의 유명한 여류작가 보부아르는 이렇게 말했습니다.

"여자는 여자로 태어나는 것이 아니라, 여자로 길러지는 것이다."

오늘부터는 당신의 입버릇을 이렇게 바꾸어 보세요.
'나는 이제 진정한 여자가 되는 거야.'
바로 이것입니다.

Love Aphorism

사랑하고 있는 사람에게 누가 과연 오랏줄을 묶을 수가 있단 말인가. 결코 그럴 수 없는 것은, 진정한 사랑은 그 차제가 어떤 오랏줄보다도 훨씬 더 훌륭한 것이기 때문이다.

- 오쇼 라즈니쉬 -

Falling in Love

얼마 전 미국에서 호평을 많이 받은 영화가 있었습니다.

어느 크리스마스 날 밤, 중년의 기혼 남녀가 우연한 만남을 계기로 사랑에 빠집니다. 그로 인해 두 사람 모두가 자신의 가정을 잃고 뿔뿔이 헤어져 버립니다. 그러다가 몇 년 후, 같은 장소에서 또다시 재회하며 사랑을 되찾는다는 게 전체 줄거리입니다.

이 영화의 원제목은 〈Falling in Love〉입니다.

'Falling'이란 구멍과 같은 곳에 빠진다는 뜻이므로, 사랑의 함정과 고통, 그리고 진실을 다룬 영화라고 할 수 있습니다.

사랑은 자신의 의지와 뜻대로 '하는' 행동이 아닙니다.

자신이 의도적으로 '자, 지금부터 사랑하자'고 결심한다고 해서, 또한 거리에 나서자마자 슈퍼마켓 같은 곳에서 마구잡이로 팔고 있어 간단하게 살 수 있는 것도 아닙니다.

대다수의 사랑은 어느 날, 어느 시간, 어느 우연한 계기로 한 사람의 이성과 만나고, 자신의 의지나 이성과는 별로 관계 없이 생기는 수가 많습니다.

물론, 자기 쪽만이 사랑에 빠지고 상대방은 전혀 눈치채지 못하거나 혹은 무시되는 경우도 있겠지요.

이른바 이런 경우를 '짝사랑'이라 불리어지지만, 사랑에 빠진 쪽에서 보면 사랑이라는 점에선 다를 바 없습니다.

사랑이란 어느 날 문득 빨려드는 겁니다. 길을 걷고 있다가, 구멍에 우연히 쿵 하고 빠지는 것과 같습니다.

자신의 의지라기보다는 다분히 우연적인 요소가 더 많이 작용합니다.

어쨌든 대개 우연한 만남으로부터 사랑은 시작됩니다.

처음에는 서로에게 아무런 감정도 없던 사이였지만, 차츰 사랑으로 변해 가는 경우도 없지 않습니다.

그렇지만 두 사람의 관계에서 아무런 감정도 없다가 사랑으로 변한 동기에는 반드시 무언가 있으므로 그것도 역시 우연이라 해도 좋겠지요.

그런 의미에서 사랑은 다분히 숙명적인 성질을 갖고 있다고 볼 수 있습니다.

그런데 사랑은 '빠지는 것'이라고 말하지만, 원래 '빠진다'는 말은 그리 좋은 의미로 사용되지는 않습니다. 왜냐 하면 사실 사랑은 빠지는 곳에 부드러운 깃털이 깔려 있어 기분 좋게 빠져드는 행복 가득한 경우만 있는 것이 아니기 때문입니다.

즉, 괴로운 번뇌의 나날이 계속되는 구덩이거나, 수렁과 같이 아무리 발버둥쳐도 빠져나올 수 없기도 합니다. 설령 빠져나온다 해도 이미 깊은 상처를 입었으므로 그 상처를 평생 짊어지고 가야 하는 경우도 적지 않습니다.

요컨대 위험한 구멍도 많은 것이지요.

그렇지만 '호랑이를 잡으려면 호랑이 굴에 들어가야 한다'는 속담도 있듯이, 상처 입을 것을 두려워해서 집 안에만 틀어박혀 있어서는 사랑의 기회를 결코 얻을 수 없습니다.

사랑은 빠지는 것이라 하는데, 정작 그 구멍은 어디에 뚫려 있을까요? 그것은 예측하기 어렵습니다.

이런 의미에서 '우연'이라고 하지만, 대개 구멍이 뚫려 있을 만한 장소와 그렇지 않은 곳의 차이 정도는 예측할 수 있을 것입니다. 왜냐 하면 사랑의 구멍이 뚫려 있을 만한 장소는 대개 제한되어 있기 때문입니다.

하지만 설령 구멍에 빠지는 것은 우연이라 해도, 우선 그런 장소로 가지 않고서는 빠져들 기회가 없습니다.

극단적인 예를 들면, 홀로 속세를 떠나 인적 없는 산 속에서 은둔 생활을 한다면 결코 사랑에 빠질 기회가 찾아올 리 없습니다.

그렇지만 드라마나 소설 같은 분야에서는, 그런 산사에서 혼자 사는 비구니의 처소에 어느 날 젊고 멋진 여행객이 길을 잃어…… 하는 식의 줄거리도 있지만, 그런 상황은 현실에서는 거의 생각조차 할 수 없습니다.

물론 산사의 비구니와는 상황이 다르지만, 요즘 일부의 젊은 여성들은 그런 있을 수 없는 허구적인 이야기를 믿고 있는 듯이 보입니다.

part1 사랑을 위해 당신의 존재를 알리는 방법

사랑이란 일방적으로 우연히 상대방으로부터 찾아온다고 믿고 있는 것 같습니다.

예컨대 어느 날 갑자기 벤츠를 탄 멋진 남자가 눈앞에 나타나, 자신을 어딘가 환상적인 행복의 나라로 데려가 준다고 믿고 있는 것 같습니다.

그러나 그런 멋진 남자를 그냥 기다리고만 있으면 사랑은 시작되지 않습니다.

사랑할 기회가 아무리 여기저기 널려 있다 해도 스스로 그 주위로 가지 않는다면 사랑에 빠지는 일은 물론 없습니다.

사랑의 가장 중요한 요건 중 하나인 우연한 만남은 당사자들 스스로 그것을 찾는 적극성이 필요합니다.

요즘이 아무리 여성 상위 시대라 젊은 남자를 마음대로 골라잡을 수 있다 해도, 자신이 그리던 이상적인 상대를 쉽게 발견하기란 그리 쉬운 일이 아닙니다.

신데렐라 이야기와 같은 꿈에 사로잡혀, 바로 눈앞에 자신에게 어울리는 '사랑의 기회'가 있는데도 그것을 거들떠보려 하지 않습니다.

물론 그렇다고 해서 적당히 타협하라는 건 아닙니다.

친구가 멋진 연인을 만났다고 해서 자신도 하루빨리 상대를 찾아야 한다는 초조감에 사로잡혀 마음에도 없거나, 혹은 위험한 사랑에 빠지는 것보다는 차라리 혼자 있는 편이 낫습니다.

그렇지만 어디가 좋은 구멍이고 어디가 나쁜 구멍인지의 판단은 본인 자신과 그 결과의 문제이므로, 이 시기에는 알 수 없는 경우가 많습니다. 즉, 사랑에도 노력이 필요하다는 것입니다.

　다시 말해 마치 사랑이 '저절로 굴러떨어진 호박' 같은 식으로 찾아오는 건 아니라는 말입니다. 호박은 멀리에서 날아오지 않습니다. 그러므로 호박이 떨어질 만한 장소 아래로 갈 필요가 있습니다.

　그리고 무엇보다 찾아온 기회를 놓치지 않으려는 적극적인 태도가 반드시 필요합니다.

　'첫눈에 반할 수 없는 상대는 영원히 좋아지지 않는다'라는 말이 있습니다.

　남자와 여자가 처음 만났을 때, 그리고 서로가 아직 상대를 잘 모를 때 판단의 기준이 되는 것은 소위 말하는 '첫인상'입니다.

　첫인상이 자신의 조건과 들어맞았을 때 대개는 첫눈에 반합니다. 연애란 보통 여기서부터 시작되는 경우가 많습니다.

　반대로, 처음 만났을 때 '왠지 싫은 사람'으로 생각되는 상대는 좀처럼 좋아지지 않는 게 보통입니다.

　이쪽이 싫은 감정을 가졌을 때는 대부분 상대도 이쪽을 좋게 생각하지 않습니다. 물론 이쪽 마음이 상대에게 전해져, 상대도 나쁜 감정이 솟아난 것인지도 모르죠.

　그렇지만 처음에는 싫다고 생각했던 상대일지라도 어쩔 수 없이 만나야 되는 환경이나 입장이 되다 보니 차츰 그 사람의 좋은 점이 발견돼 결국 결혼까지 골인하는 예도 없지 않지만, 이것은 어디까지나 예외겠지요.

　'사랑은 첫눈에 불꽃이 튀고 곧 새빨갛게 타오르는 것'이라는 노랫말이 있습니다.

이 노랫말은 바로 사랑에 있어서 첫인상의 중요함을 얘기하는 것입니다. 하지만 잘 생각해 보면, 첫인상만으론 그 사람의 진짜 인간성이나 가치는 결코 알 수 없다는 비판도 있습니다.

앞에 나온 예와 같이, 처음에는 싫었지만 점차 좋아지는 경우도 없지 않습니다.

하지만 알아두어야 할 것은, 이 첫인상의 느낌이 의외로 적중하는 경우가 적지 않다는 것이지요. 결국 '첫눈에 반한다는 그 느낌이 비교적' 신뢰할 수 있는 예감이라는 것이지요.

먼저 외모를 보았을 때, 자신이 평소에 이상적으로 생각하는 타입과 맞는다는 점도 있습니다. 실제로 그는 인간적인 면에서도 당신에게 좋은 사람일 수 있고, 게다가 센스나 기호가 잘 맞을 경우가 많다는 사실입니다.

그것을 두고 학자들은 흔히 이성이나 이치를 뛰어넘는 일종의 '동물적인 직감'이라 말할까요. 그래서 첫눈에 반한다는 건 전혀 잘못된 일도 부끄러워할 일도 아닙니다. 오히려 첫눈에 좋아할 수 없는 상대는 차라리 이쪽에서 피하는 편이 좋습니다.

다만 유감스런 사실은, 이쪽이 첫눈에 반한다 해도 상대방 역시 꼭 이쪽에 관심을 갖고 있다고 할 수 없는 점입니다.

두 사람 모두가 서로에게 첫눈에 반한 경우는 노래 가사 그대로 '불꽃이 튀고 새빨갛게 타올라' 가겠지만, 꼭 그렇게 되리라는 보장이 없는 것이 또한 사랑의 함정입니다.

사랑의 환상에서 깨어나기

대부분 여성들은 어려서부터 '사랑'을 꿈꾸면서 살게 됩니다. 그리고 여성들 누구에게나 환상이 있었습니다.

'백마 탄 왕자님이 반드시 올 거야.'

소녀 시절부터 로맨틱한 여자의 마음은 시작됩니다.

그렇지만 현실에서는 백마를 탄 왕자님이 데리러 왔다는 이야기는 있을 수 없습니다.

"아냐. 내 앞에는 꼭 나타날 거야, 그래, 멋진 KS 마크가!"

얼마 전까지만 해도 결혼을 앞둔 여성들 대부분이 입에 올린,

'멋진 KS 마크.'

바로 이 KS 마크가 한때는 브랜드 상품처럼 그녀들을 사로잡았습니다.

"누가 뭐라고 해도 학벌이 첫째야."

"수입이 별로잖아."

자기 자신에 대해서는 이에 언급을 회피한 채 다른 여자들의 상대 남자에 대해서만 열을 올립니다.

그러한 그녀들이 그로부터 2, 3년의 세월이 흐른 후에, 과연 어떤 처지가 되어 있을까요?

'연인이 없어.'

라고 여전히 한탄만 하고 있습니다.

남자나 사랑은 브랜드 상품이 아닙니다.

본래 남녀간의 사랑에는 장애가 따르기 마련입니다.

이 장애를 두 사람이 마음을 합하여 잘 극복해 나가다 보면 사랑이 싹트고, 사랑이 깊어가고, 결혼이라는 형태로 매듭 지어지는 게 아닐까요?

처음부터 KS 마크니 이상(理想)이니 하고 떠들기 전에 자기 자신에 대해서 먼저 생각해 보세요.

"당신은 남자에게서 이상을 찾을 만큼 완벽한가요?"

여자들에 대해 선량한 남성들은 이렇게 직설적으로 표현하지는 않지만, 혹 속마음은 또 그럴지도 모르죠.

남자들은 KS병에 걸린 여성들에 대해서 내심 바보 취급을 합니다. 이상이란 완전한 것도 아니고, 자꾸만 변화하는 것입니다. 이를테면 당신이 사랑하게 된 그 사람이 조금씩조금씩 이상에 맞는 남자로 발전한다는 말입니다. 다시 한 번 그런 점을 잘 생각해 보세요.

약간 심한 표현이 될지 모르지만, 누가 봐도 그리 예쁜 모습도 아닌데, 자신이 만나는 연인은 그저 그렇다는 식으로, 이상에는 맞지 않지만 어쩌고저쩌고 하면서 남에게 보이기에만 급급한 여성일수록 참된 여성의 모습에서 크게 벗어나 있는 것입니다.

　오히려 자기만의 이상한 자신감마저 갖게 되어 남성에 대해 점점 거만해집니다.

　오늘날 같은 시대에 '이상적인 남자'만 찾는 여자는 평생을 기다려도 연인을 얻지 못할 것입니다.

　왜냐 하면 좋은 여자는 남아돌지만, 좋은 남자는 별로 없기 때문이니까요.

Love Aphorism

　사랑할 수 없는 아내이거던 그 얼굴에 분칠을 해서라도 사랑하기에 노력하십시오.

- 안창호 -

감미로운 유혹에서 벗어나기

우리가 흔히 '플레이보이'라고 일컬어지는 남자들에게는 묘한 매력적인 면이 있는 것은 사실입니다. 연애를 잘 하고, 여성을 황홀경에 빠뜨렸다가는 철새처럼 훌쩍 떠나가 버리는 그들만의 수법.
거기에다가 또 '당신만을 사랑해'라는 식으로 여운을 남기고 떠나가기 때문에 여성에게도 그다지 나쁜 인상을 남기지 않습니다.
그러므로 이 감미로운 유혹에 대처하려면, 여성 쪽에서도 그에 버금가는 상당한 테크닉이 필요하지요.
이 경우 가장 중요한 점은 결코 '빠져들어서는 안 된다'는 사실입니다. 이보다 더 중요한 말은 없습니다.
이런 유형의 남자들은 마치 미약(媚藥)과도 같아서, 이 미약을 먹게 되면 대다수의 여성들은 그저 얌전한 포로가 될 뿐 주위의 모든 것이 하나도 눈에 보이지 않게 됩니다.
'단 한 번이라도 그런 사랑을 해 보고 싶어.'

여성이라면 누구나 이런 생각을 할 겁니다.

하지만 그러한 사랑을 단 한 번이라도 맛보고 난 여성들은 대개 비참한 결말을 맞고 있습니다. 왜냐 하면 그들과는 정열적이고 말초적인 사랑을 즐길 수는 있겠지만, 그들은 결코 연인이나 남편감으로는 적당치 못한 사람들이기 때문입니다.

생명을 걸 만큼의 숭고한 가치라는 건 그들에게는 존재하지 않습니다. 그래서 그들은 진실한 사랑을 원하는 여성이라면 결코 가까이하지 않습니다.

그들은 사랑의 신용도를 잴 수 있는 일, 이를테면 가족에게 여자를 소개시키거나 하는 일은 결코 하지 않습니다.

그러나 결혼 적령기의 여성으로서는 가족의 소개를 받느냐, 그렇지 않느냐에 따라 사랑의 앞날에 큰 차이가 생깁니다.

그렇다면 '깃발을 흔들 만한 가치 있는 사람'이란 어떤 남자일까요?

먼저 만난 순간, 그 사람이 당신의 가족과 마주한 장면을 상상해 보세요. 자연스럽게 즐거워하는 듯한 모습이 머리에 떠오르면 그 남자는 우선 합격입니다.

하지만 레스토랑 같은 데서 단둘이 마주앉아 있을 때는 좋았는데, 막상 가족에게 소개시키려 할 때 그가 불안감을 감추지 못할 경우에는 대개 결말이 좋지 않습니다. 왜냐 하면 플레이보이 형은 대부분 이런 타입입니다. 그들에게는 가족 소개 같은 무거운 짐은 전혀 불필요하고 힘든 일일 뿐이니까요.

당신과 만나게 될 성실한 남성이 이 세상에는 반드시 있습니다. 사랑하는 기쁨, 사랑받는 기쁨, 여기에는 가족과의 만남이 반드시 포함되어야 합니다.

  당신의 가족들과 잘 어울리지 못하는 연인이라면 사랑의 결실을 맺기도 그만큼 어려워진다는 사실을 깨달아야 합니다.

  깃발을 흔드는 순간, 먼저 그와 당신 가족이 만나는 장면을 머릿속에 그려보세요.

  아무런 문제 없이 서로 어울릴 것 같으면 주저하지 말고 당장 사랑의 깃발을 힘껏 흔드세요.

Love Aphorism

  여인은 가슴 속으로 사랑하지 않으면서도 사랑 행위를 할 수 있다. 하지만 그것은 동물적인 사랑 행위에 불과하다. 반면에, 그대는 육체적 관계를 떠나서도 여인과 연애를 할 수 있다. 그 때 사랑은 두 에너지의 순수한 교류이며, 춤이며, 더 없이 숭고한 찬양이다.

- 오쇼 라즈니쉬 -

불필요한 자존심 버리기

"문제는 바로 프라이드 때문이야."

사회 생활을 하다보면 이런 말은 흔히 듣거나, 또 자신이 쓰이기도 합니다.

여기서 프라이드란 무엇인지 한번 생각해 볼까요.

"남자가 고급 레스토랑에 데려다 줄 만한 형편이 아니면 내 자존심을 손상시키는 거야."

어떤 여성들이 얼마 전에 주고받는 말이었습니다.

이제 겨우 스무 살 안팎의 젊은 아가씨들이 와인이나 외국 요리에 흥미를 보이는 데는 놀라지 않을 수 없었습니다.

실제로 그녀들의 일상 생활도 과연 그럴까요? 유감스럽게도 보통 인스턴트 라면 같은 것으로 식사를 대신 때울 것 같은 그런 아가씨들인데 말입니다.

주위에 이런 타입의 여성은 의외로 많습니다.

불필요한 지식을 여러 가지 책을 통해 많이 얻고서 도사가 되었다고 착각하고 있는 여자들, 그런 여자들은 모두 허풍쟁이에 불과합니다.

로맨스 그레이, 또는 연상의 남자들 손에 놀아나는 아가씨들, 그 결과 그녀들은 터무니없는 자존심만 높아졌습니다.

본래는 도시 생활을 하고 있던 극히 평범한 여성이 어느 날을 고비로 갑자기 자존심과 허영심에 가득 찬 여자가 되어 버립니다.

어쩌면 그녀들에게는 아무런 죄가 없을지 모릅니다. 그녀들을 그렇게 만든 로맨스 그레이 족이 나쁠 뿐입니다.

주위를 의식하면서 한 손에 담배를 꼬나들고 거드름을 피우는 여자의 모습을 한번 상상해 보세요.

당신 자신은 느끼지 못하고 있지만, 어쩌면 당신의 한 모습일지도 모릅니다.

그렇지만 그런 것이 대체 무슨 소용이 있겠습니까? 오직 당신 자신을 피곤하게 할 뿐입니다.

제아무리 고급 레스토랑에서 식사를 하더라도 가슴이 설레지 않는다면 마음은 공허할 뿐입니다.

이제 그런 불필요한 자존심은 버리세요. 당신의 마음을 설레게 하는 남자를 찾아내어 둘이 손을 꼭 잡고 해변을 마음껏 달려보고 싶지 않나요?

당신이 직접 만든 샌드위치를 바닷바람을 쐬면서 함께 먹을 수 있는 두 사람, 이것이 연인의 참다운 모습입니다.

값싼 프라이드에 묶여 있다가는 당신만이 어느 새 볼품없는 아주머니가 되어 버립니다.

또 거드름만 피우는 여자는 구제 불능의 마음이 가난한 사람입니다.

진짜 사랑의 가치를 아는 여자는 한 그릇의 라면에서도 그 가치를 찾아낼 수 있습니다.

Love Aphorism

사랑이란, 사랑받는 것보다는 오히려 사랑하는 것에 있다.
- 아리스토텔레스 -

실연한 횟수만큼 더 성숙하기

　실연. 이보다 더 잔인한 말은 이 세상에 없다고 해도 틀린 말은 아닐 것입니다. 단숨에 맑고 초롱초롱하던 눈동자를 충혈시키고, 상대방이 좋아하던 긴 머리카락도 순식간에 그 윤기를 잃고 맙니다.
　눈에 보이는 모든 사물은 빛을 잃고, 오로지 죽음만을 심각하게 고민해 보는 것도 바로 이 때입니다.
　이런 실연은 몇 번 경험한 사람이라도 이것에 익숙해질 수는 없습니다. 이것은 누구나 잘 알고 있는 사실입니다. 더욱이 사랑을 두려워하는 것이 모두 이 병 때문이라는 사실도.
　그래서 새로운 상대가 또다시 생겼다 해도, 이번에도 실연하면 어쩌나 하는 불안감 때문에 새 연인에게 선뜻 다가가지 못하는 경우를 쉽게 볼 수 있습니다.
　'나는 이제 두 번 다시 진짜 사랑은 할 수 없을 거야.'
　이렇게 지레 짐작하는 것도 바로 이 때문입니다.

하지만 과연 그럴까요? 그렇다면 너무 비참한 일입니다.

지금쯤 당신을 차버린 그 사람은 새로운 연인과 데이트를 즐기고 있을지도 모릅니다. 그렇다고 당신이 그 사람을 뒤쫓아가 아무리 매달려도 그의 사랑은 더 이상 돌아오지 않습니다.

이쪽에서도 당신을 버린 사람에 대해서 깨끗이 단념해야만 합니다.
'좋은 경험을 했어.'

이렇게 생각을 할 수 있게 되었다면 그 때부터는 당신의 승리입니다.

다시 시작하여 다음 번 사랑을 만났을 때 실연의 아픔을 당해 본 당신은 지금보다 훨씬 부드러워질 수 있을 것입니다.

다른 사랑에게 다정해지려는 마음은 자기가 상처를 입은 횟수만큼 더 깊어집니다. 그만큼 당신은 훨씬 더 성숙한 여자가 된 것이지요.

"실연해 본 덕택이야."
라고 스스로에게 말해 보세요.

당신은 실연한 횟수만큼 더 착한 사람이 되고, 더 좋은 여자가 되는 쪽으로 접근하는 것이라고 단언할 수 있습니다.

자, 이제 실연 따위에 두려워하지 말고, 이 사람이야!' 라는 생각이 들면 곧바로 적극적으로 행동하세요.

● Love Aphorism

사랑하고 난 후에 잃는 것은, 전혀 사랑하지 않았던 것보다는 낫다.

- 테니슨 -

과거의 상처는 묻어두기

사랑을 나누는 과정에서 다툼이 있을 경우에 서로가 끝까지 유의해야 할 사항이 있는데, 그것은 상대방의 과거에 상처를 들추어서는 안 된다는 점입니다.

이것은 질투심과도 관련이 있는 일로서, 특히 본인이 그토록 잊고 싶은 괴로운 추억을 싸울 때마다 끄집어내 들쑤셔 놓는 것은 보통 심각한 일이 아닐 수 없습니다.

지금은 당신 곁에 있는 소중한 연인이지만, 얼마 전까지만 해도 완전히 남이었다는 사실을 잊으면 안 됩니다.

두 사람은 제각기 다른 인생을 걸어왔습니다. 그렇기 때문에 두 사람이 만나기 전의 인생에 대해서는 서로 책임을 물을 수가 없습니다.

따라서 당신을 만나기 전까지의 일에 대해 지금 와서 이러쿵저러쿵 말해 보아야 무슨 소용이 있겠습니까.

대체로 이런 과거의 상처는 상대방에게 처음부터 말하지는 않더라도,

연애를 하다보면 분위기에 휩쓸려 불쑥 얘기가 튀어나오거나, 수다스러운 친구의 얘기를 통해서 당사자의 의도와는 상관 없이 알려지기도 합니다.

또 어떤 경우에는 상대의 과거사를 이미 알면서도 사귀었다가, 다툼이 격해짐에 따라 무심결에 튀어나오기도 합니다.

그렇지만 아무리 그것을 비난한다 해도 이미 연인이 되어 있는 시점에 과거를 완전히 없앨 수는 없습니다.

그것은 잘 아문 딱지를 할퀴어 상처를 덧나게 할 뿐입니다. 그러기보다는 오히려 그런 일이 있었기 때문에 지금 이렇게 두 사람이 만나 서로 사랑할 수 있게 되었다고 긍정적으로 생각하는 편이 훨씬 더 현명하지요.

이렇듯 그것이 파급되는 영향력으로 볼 때, 상대가 전혀 모르는 과거를 일부러 고백하는 일은 어리석은 일이 됩니다.

여성지의 '인생 상담란'에는 간혹 다음과 같은 내용이 실리곤 합니다.

'이번에 저는 좋은 남자를 만나 사랑을 하게 되었습니다. 그는 저를 진심으로 사랑합니다. 저도 역시 그를 사랑합니다.

그렇지만 결혼이 가까워지자 저는 그만 한 가지 고민에 부닥치게 되었습니다.

제가 고등학교를 졸업하기 얼마 전, 한 대학생과 순간적인 풋사랑을 했던 경험이 있습니다. 그 후, 그는 먼 곳으로 떠났고, 물론 지금은 아무 관계도 없습니다. 생각나는 일도 거의 없을 정도입니다.

하지만 아무것도 모르는 지금의 남자를 배반하는 것 같아 괴로워

견딜 수가 없어요. 결혼 전에 그이에게 모든 것을 털어놓고 용서를 구해야 할까요?'

대부분의 상담자들은 이런 질문에 대해 '아무것도 말하지 말고 비밀로 해두는 편이 낫다'고 답변합니다.

그리고 그런 과거의 실수를 새삼스럽게 털어놔 봤자 그 과거가 사라지는 것은 아니라는 겁니다.

오히려 앞으로 두 사람의 관계에는 결코 도움이 되지 못한다는 사실입니다.

과거를 털어놓은 사람은 마음이 조금이나마 가벼워질지도 모르겠지만, 반대로 상대는 그 응어리가 평생 가슴 속에 남아 있을 가능성이 많습니다.

설령 모든 것을 진심에서 우러나온 마음으로 고백해서 상대가 용서해 준다고 해도 그가 그 모든 것을 잊고 두 번 다시 생각하지 않으리라는 보장도 없습니다.

그러므로 상대가 들어서 불쾌할 만한 과거라면 지금 이 순간은 괴롭더라도 가슴 속에 담아두는 편이 바람직한 일입니다. 또한 그것이 상대를 위하는 일이기도 합니다.

현재 당신과 연인의 감정에 충실하다 보면 당신의 괴로움도 자연히 연인에 대한 성실함으로 이어질 수밖에 없어 두 사람의 관계는 더욱 좋아집니다.

그리고 두 사람이 만나는 과정 중에서 간혹 다툼이 일어날 수 있는데, 만약 그것이 불쾌한 일이었다면 일단 문제가 해결된 후에는 두 번 다시 화제로 삼지 말아야 합니다.

적어도 겉으로는 잊은 척하는 편이 현명합니다. 때로는 아는 것이 병이 된다면, 모르는 것이 약이 될 수도 있습니다.

Love Aphorism

사랑은 언제나 생기를 불러일으켜 사람의 시야를 넓혀 주고, 친절과 관대함을 지내게 하며, 또 기적을 일으키게도 한다. 또한 사람은 인간의 생사를 초월하여 이어지고, 어떠한 역경에도 굴하지 않는다. 따라서 사랑의 힘은 실로 엄청나서 그것을 소유한 사람에게 강철과도 같은 강한 힘을 부여해 준다.

- 스펠맨 -

남성들의 심리를 알면 사랑에 성공한다

'남자의 체면을 세워주는 것'은 결코 당신에게 손해가 되지 않습니다. 자존심이란 공기로 부풀린 풍선과 같은 것입니다. 그래서 살짝 건드리기만 해도 터져 버립니다. 남자의 생리와 여자의 생리는 차이가 있습니다.

문어다리식 사랑의 남성 심리 67
결혼에 대한 남성의 심리 70
남자에게 체면 세워주기 73
연인의 성격 알아내기 76
건드리지 말아야 할 연인의 자존심 80
전화 한 통화로 감동 주기 83
연인이 좋아하는 선물로 감동주기 85
사랑과 섹스에 대한 편견 87
남성의 밀고 당기기 심리 90
여성을 원하는 남성의 심리 93
섹스에 대한 남성의 심리 96

문어다리식 사랑의 남성 심리

"아니, 어떻게 그럴 수가!"
"세상에!"
"설마 그런 일이!"
이와 같은 감탄사를 연발하게끔 만드는 남성들이 있습니다.
남성들은 어떻게 여러 여성들과 동시에 사귈 수 있을까요?
이것만은 여성인 당신이 도저히 이해할 수 없을 겁니다.
하기야 요즘에는 여성도 남성과 마찬가지로 여러 남성들과 사귀는 경우가 없지 않지만요.
그러나 '어떻게 그럴 수가!'하고 놀라는 쪽은 단연 여성 쪽이 더 강한 것 같습니다.
이것을 남성의 입장에서 말한다면,
"이 아가씨는 귀엽고, 저 여자는 매력적이고, 그 여자는 착해. 나는 세 여자 모두가 다 좋아."

part2 남성들의 심리를 알면 사랑에 성공한다　67

이런 식입니다.

"청춘은 오직 지금뿐이야. 멋진 여자가 한둘이 아닌데 어떻게 한 사람만으로 만족할 수가 있어?"

이런 뜻이겠지요. 분명한 하나의 이유는 될 수 있을지 모르지만 기분은 영 개운치 않습니다.

거기다 자기가 여자들에게 인기 있다는 것을 강조하고 싶은 심리마저 작용하기도 하겠지요.

하지만 실제 그런 식으로 동시에 여러 여성들을 좋아할 수 있을까요?

아닙니다. 그들에게 진정 사랑하는 여자는 따로 있습니다. 다시 말해서 한 명의 연인뿐, 그 나머지는 그냥 가볍게 만나는 사이에 불과한 겁니다.

사랑하는 여자 이외에 몇 십 명과도 식사나 영화나 드라이브는 할 수 있습니다. 그것은 남자에게 있어서 '결혼할 여자'와 '놀이 대상의 여자'는 분명히 다르기 때문입니다.

대개 이런 남자들이 전화를 잘 하며, 성실하다는 인상도 풍깁니다.

그래서 여자들은 '나는 사랑받고 있어'하고 쉽게 착각하는 것도 무리가 아닙니다.

특히 그런 남자는 그만큼 모든 여자에게 고루 다정합니다.

그러므로 그런 부류의 남자와 연애를 할 때는 그 남자의 심리를 잘 파악할 필요가 있습니다. 처음부터 너무 적극적으로 나가지 않는 게 좋습니다.

'함께 즐거운 시간을 보내자.'

하는 정도의 가벼운 마음으로 만나주면 남자 쪽에서도 여유를 갖고 당신을 상대하므로, 어쩌면 당신이 '정말 사랑하는 여자'로 자리매김할 가능성도 충분히 있습니다.

따라서 연인인 남자가 여러 여자들을 만나고 있는 예감이 들더라도 절대 초조하게 생각지 마세요.

진정으로 당신이 그를 좋아한다면, 그에게 참된 연인이 되기를 바라면서 여유를 갖고 장기전을 펴는 겁니다.

이러한 마음의 여유야말로 반드시 '사랑의 신'을 당신 곁으로 불러줍니다.

Love Aphorism

사랑은 타오르는 불길인 동시에 앞을 비추는 광명이라야 한다. 타오르는 사랑은 흔하다. 그러나 불길이 꺼지면 무엇에 의지해야 할 것인가? 그러므로 참된 사랑은 우리의 정신 생활 면에 던지는 빛이 되어야 한다. 앞을 비추는 광명이 되어야 한다.

- 바이런 -

결혼에 대한 남성의 심리

대부분의 남성들이 '결혼을 원한다'고 말하고 있는 추세이지만, 그런 반면 결혼에 대해 냉정하게 생각하는 남자들도 적지 않은 것 같습니다.

결혼을 희망하는 남자들은 여자와 함께 카레를 만들거나, 와인을 마시거나 하는 환상적인 가정의 모습을 기대하며, 거기에 '걸맞은 상대'와 '꿈 같은 가정'을 이루기를 바라고 있습니다.

그러나 결혼을 냉철하게 생각하는 남자들은 이미 그러한 것들을 초월한 상태라고 보아도 좋습니다.

한때는 그들도 결혼을 꿈꾸고 있었습니다.

하지만 주위의 친구들이 한 사람 한 사람 결혼을 하고, 또한 그들의 살아가는 현실을 가까이에서 지켜본 다음에는, 결혼이란 것이 자신이 꿈꾼 것과는 너무도 거리가 멀다는 사실을 느끼게 되었습니다.

"너도 빨리 결혼해라. 집으로 돌아가면 사랑하는 사람이 반가이 맞아주는 기분을 어찌 말로 표현할 수 있으랴! 사랑하는 두 사람만이 산다는 것은 정말 환상적이거든."

이렇게 행복에 겨워 말하던 남자 친구가 2년 정도 지나면,

"너는 좋겠다, 혼자라서."

이와 같은 맥 풀리는 푸념을 내뱉게 됩니다.

얼마 전까지만 해도 '남자는 남자답게, 여자는 여자답게'라는 말이 유행했습니다. 그래서 남자는 가정에서 언제나 높은 자리에 앉아 있는 군주였지요.

하지만 이제는 육아나 가사도 남자와 함께 하는 게 당연하다는 추세로 바뀌었습니다.

따라서 남자들은 직장에 나가 몸을 던져 힘들게 일하고 돌아와서도 집안일을 아내와 함께 해야 한다는 대세에 따르게 되었지요.

그러므로 될 수 있으면 독신으로 지내는 게 낫다는 독신주의자들이 많아진 것도 그 때문입니다.

그렇지만 잘 생각해 보면 이러한 현상은 우리 윗 세대에도 마찬가지였음을 알 수 있습니다.

꿈에 그리던 결혼을 하고 난 뒤의 현실을 알고 나자, 여자들은 일을 택하고 결혼은 뒷전으로 돌려놓게 되었습니다.

그 결과, 사랑도 하지 못하게 된 '고독한 여자들'이 늘어날 수밖에 없었지요. 이와 마찬가지로 '고독한 남자'도 늘어나고 있습니다.

게다가 '결혼하지 않으려는 남자'들이 늘어난다는 사실은 바꾸어 생각하면 '고독한 남자'들이 계속 늘고 있다는 말과 같은 뜻입니다.

고독한 남자와 고독한 여자.

어찌 보면 무언가 잘 통할 것 같은 데도 서로가 맞지 않아 이제는

각자 고독한 남녀로 영원한 평행선을 걷게 되었습니다.

"결혼이 인생의 전부가 아니다"라는 남성의 심리 저 밑바닥에는 "내 모든 것을 걸 만한 여자가 없다"라는 의미도 깔려 있습니다. 그러므로 여성들은 지금이 바로 기회입니다.

여기서 사랑의 원점으로 다시 돌아가 한번 사랑에 도전해 보세요.

'고독한 남자'가 과연 무엇을 가장 희망하고 있는지, 이제는 알 수 있겠지요.

● Love Aphorism

참된 사랑의 힘은 태산보다 강하다. 그러므로 그 힘은 어떠한 힘을 가지고 있는 황금일지라도 무너뜨리지 못한다.

- 소포클레스 -

남자에게 체면 세워 주기

오늘날의 세상은 남녀 동등의 시대라고 말합니다.
거기다가 여성 상위를 부르짖기도 하지요.
크리스마스 시즌이 되면 백화점 앞에 줄지어 선 사람들을 살펴보면 대다수는 젊은 남자들입니다.
'크리스마스 선물은 백화점에서 산 것으로 받고 싶어.'
하는 여자들의 강한 메시지를 전해받았기 때문입니다.
아직도 남자의 마음은 순수합니다.
그런데 그런 남자의 마음에 상처를 주는 여자들이 있습니다.
얼마 전에 들은 이야기입니다.
몇 사람의 남자 친구로부터 똑같은 백화점의 똑같은 선물을 받은 여자가 있었습니다.
그녀는 이렇게 받은 선물들을 하나만 남겨놓고 나머지는 죄다 팔아 치우거나 친구들에게 싼 값으로 넘긴 예도 있었습니다.

남자들이 여자에게 선물할 때는 돈을 아끼지 않습니다.

설령 자기 형편상 무리가 될지라도 사랑하는 연인에게는 좋은 것을 선물하고 싶어합니다.

하지만 그런 남자의 마음을 태연히 짓밟아 버리는 여자가 있습니다. 한번 그렇게 당하게 되면 남자는 다시 일어서지 못합니다. 죽기보다 더 심한 치욕을 당했다고 해도 과언은 아니겠지요.

흔히들 '남자의 위신을 세워준다'는 말을 쓰는데, 바꿔 말하면 그만큼 남자의 마음이 약하다는 사실입니다.

자존심에 상처를 받게 되면 살인도 서슴지 않는 것이 바로 남자라는 존재입니다.

이런 점이 여자의 프라이드와 다른 점입니다.

그러므로 '남자의 체면을 세워주는 일'을 잘 하는 여성이 남성에게서 환영을 받게 마련인 셈입니다.

이미 이 세상을 떠난 재클린 오나시스가 케네디 대통령과 대부호인 오나시스라는 두 남성을 손에 넣은 것도 '남자의 체면을 잘 세워주는' 여성이었기 때문이라는 말이 있습니다. 기회 있을 때마다 남자를 칭찬해 주는 것이 어쩌면 그녀의 연애론이었을지도 모릅니다.

이것은 여성 우위의 시대가 된 오늘날에 특히 명심해야 할 점이기도 합니다.

상대방을 칭찬한다는 말은 다르게 표현하자면 자기의 마음에 여유가 있다는 것을 증명하는 한 가지 방법이 됩니다.

그렇게 하면 마음뿐만 아니라 얼굴도 온화하게 가꾸어 줍니다.

또한 여성 자신에게도 이득이 될 것입니다.

새삼스레 강조하지만 남자에게 상처를 입히는 행동이나 말은 항상 조심해야 합니다. 이 점을 반박하거나 무시하는 여자에게는 결코 진실된 사랑이 다가오지 않습니다.

어쩌다가 본의이든 본의가 아니든, 심한 말을 해서 남자의 마음에 상처를 입힌 경험이 있는 여성이라면, 앞으로는 그런 상황이 되었을 때, 말을 하기 전에 한 번쯤 마음 속으로 되새겨 보세요.

왜냐 하면 '남자의 체면을 세워주는 것'은 결코 당신에게도 손해가 되지 않기 때문입니다.

Love Aphorism

사랑이란 애걸해서도 안 되고 요구해서도 안 된다. 사랑은 자신 속에서 확신에 이르는 힘을 가지지 않으면 안 되는 것이다. 사랑은 결코 이끌려 가는 것이 아니고 이끄는 것이다. 서로를 존중하며, 배려 속에서 함께 이끌어 가야 하는 것이다.

- 헤 세 -

연인의 성격 알아내기

결혼을 하려고 마음먹었던 한 여성이 있었습니다. 그런데 그녀는 그 남자와 헤어지고 말았습니다.

주위 사람들이 그 남자를 너무 칭찬해서 결혼까지 마음을 정했었다고 합니다. 헤어져야만 했던 사연인즉 이렇습니다.

몹시 추운 겨울 어느 날 저녁, 그녀가 그 남자를 레스토랑으로 불러냈습니다.

그런데 그녀는 그 때 자리에 앉는 그 남자를 보는 순간 온몸에 두드러기가 나는 듯 전율했고, 그 자리에서 헤어질 것을 생각했다고 합니다.

"잠옷을 입은 채 겉에는 잠바를 걸쳤는데, 구질구질하게 잠옷 깃이 밖으로 나와 있었어요. 그것을 보았을 때 이 사람은 안 되겠다고 생각했지요."

그녀는 이렇게 담담히 얘기했지만, 사실 이것은 매우 무서운 이야기인지도 모릅니다.

대다수의 여성들은 한번 싫어진 남자에 대해서는 그 발소리조차도 참을 수 없다는 결벽적인 부분이 있기 때문에, 잠재적으로 가지고 있던 상대에 대한 혐오감이 불쑥 고개를 쳐들어 버리면 다시는 돌이킬 수 없습니다.

물론 이것은 여성만의 전매 특허는 아닙니다.

남성에게도 가끔 있는 일로, 다른 것은 그런 대로 봐 줄 수 있는데, 그 여성의 이상한 버릇이나 특징이 신경에 거슬려 도무지 결단을 내릴 수 없는 경우가 있습니다. 즉, 이것만은 왠지 아무리 눈감아 주려 해도 좀처럼 잘 되지 않는다는 경우입니다. 더욱이 그 관계가 연인일 때에는 곧바로 이별이 되어 버리는 경우도 많습니다.

어떤 여성은 송곳니만 누런 남성이 아무래도 싫어서, 다른 이가 희면 흴수록 자꾸 슬픈 마음이 되어 참을 수가 없었다고 합니다.

또 어떤 남자는 눈이 마주칠 때마다 눈웃음을 치는 버릇이 있는 여자가 싫어서 헤어졌다고도 합니다.

그리고 웃을 때 입 가장자리가 씰룩거리는 여성이나, 콧등에 잔뜩 주름이 지는 여성은 아무리 좋게 보려고 해도 좋아지지 않더라고 말하는 남자도 있습니다.

그런데 옛말에, "사랑에 빠지면 곰보 자국도 보조개로 보인다"는데, 이런저런 것을 문제로 삼는 남자는 그만큼 상대방에게 마음이 가지 않았다는 뜻인지도 모르니, 그런 남자와는 빨리 헤어지는 게 오히려 옳을지도 모르죠. 하기야 상대의 단점을 이쪽에서도 보고 있으니까요.

이번에는 남자의 성격을 알아보기 위해 남자 열 명 앞에 맥주 한 병씩을 놓고 반쯤 마셨을 때 그 감상을 물었습니다.

"아직 반이나 남았어."
하고 생각한 사람은 낙관론자입니다.
"어, 벌써 반밖에 남지 않았네."
하고 생각한 사람은 비관론자입니다..
그런데 테스트 결과는 모두 비관적이었습니다.
자신의 연인이 낙관론자인가 아니면 비관론자인가 하는 문제는 여성에게 커다란 영향을 줍니다.

일반적으로 볼 때 비관론자는 유별나게 조심성이 많은데다 모든 것을 나쁜 쪽으로 생각하기 때문에, 어떤 일에도 그다지 성공을 거둘 수 없습니다. 이런 사람은 조급함과 우울증이 반복되는데, 조급할 때에도 어딘지 우울증의 양상을 보입니다.

대인 관계에서도 자신이 괴롭고 답답한 심정이므로, 눈에 띄게 활동하고 있는 사람이나 장소를 그다지 선호하지 않습니다. 그리고 자신을 이 사람들과는 사는 세계가 다르다고 자위하면서, 한편으로는 그들을 내심 비난하기도 합니다.

이런 유형의 사람은 자신의 우수함을 어떤 특정 상황에서만 발휘할 수 있습니다. 다만, 이런 사람은 자신이 착한 사람이란 사실에 의지하며 살아가기 때문에, 성격적으로 조금 뒤틀려 있더라도 성격 그 자체가 나쁜 것은 아니므로 행복감은 보장될지도 모릅니다.

하지만 그것은 강렬하게 작열하는 태양 아래에서의 행복이 아니라, 희미한 전등 불빛 아래에서의 행복이라고 할 수가 있습니다.

이런 부류의 남성과 오래 사귀는 여성은 자신도 모르게 거기에 물들어, 여성 역시도 여유가 없고 시야가 좁은 인간이 될 가능성이 있으므로 주의해야 합니다.

그리고 이런 부류의 사람과는 헤어질 때도 서로에게 완전히 지친 상태가 되어 있기 때문에, 만약 그런 상태가 됐다면 그를 선택한 자신이 어리석었다고 생각할 수밖에 없습니다.

이와는 반대로, 지나치게 자신감이 넘치는 남자가 있습니다.

이런 부류의 남자는 사귀는 데 매우 힘이 듭니다.

"생명력이 넘친다, 모든 이에게 자신감이 있다"하는 것은 좋은 점입니다. 그렇지만 어떤 특정 부분에만 자신감이 있으므로 교제 중에 여성이 달래고 위로하는 등 많은 일을 해야 할 경우도 있습니다.

남자도 연인을 만들 때에는, 기본적으로 여자가 자신의 파트너로 어울리는지 그렇지 않은지에 중점을 두는 경우가 많기 때문에, 여자 역시 프라이드를 가지는 것이 필요합니다.

이런 부류의 남자에게 이별을 당할 때는, 그가 좀더 자기 자신에게 어울리는 여자를 찾았거나, 아니면 자신감을 잃도록 여자가 어떤 계기를 준 경우이거나, 또한 완전히 자신감이 소멸되었을 때입니다.

그렇지만 자신감에 차 있는 남자를 만나면 서로 전력을 다 할 수 있는 환경이 되므로 그 다음은 당신이 하기 나름입니다.

Love Aphorism

어려운 것은 사랑하는 기술이 아니고, 사랑받는 기술이다. 사랑받는 기술이란 사랑받고 싶은 상대방을 이해하는 것이다..

- 도 데 -

part2 진정한 연인이 되기 위한 방법

건드리지 말아야 할 연인의 자존심

사귀던 연인과 헤어지게 되었을 때는 이유가 여러 가지 있겠지만, 다툼도 그 중 하나입니다.

사랑이 시작된 지 얼마 되지 않았을 때는 서로가 맹목적인 상태라 좋은 점만 보입니다. 게다가 제멋대로인 자신을 억제하는 자기 희생적인 생각이 상당히 자리잡고 있어서 다툼 따위는 그다지 하지 않습니다.

그런데 만남이 계속되고 서로에게 익숙해지면 서로 거리낌이 없어지고, 어느덧 자기 본위가 되거나, 무의식 중의 자아가 나타나거나, 질투에 의한 다툼이 생기기 시작합니다.

흔히 다툼은 사이가 나빠서 일어나는 것으로 알고 있지만, 잘 생각해 보면 정말 사이가 나쁜 사람끼리는 막상 싸우지 않습니다.

왜냐 하면 처음부터 서로 만나는 것을 피하니까 다툼이 일어날 만한 계기가 없기 때문이지요.

또한 잘 알지도 못하는 남이나 전혀 관심이 없는 상대와는 다투지 않는데, 다툼이 있다면 뭔가 이해 관계가 얽힌 사이입니다.

다툼은 서로 사이가 좋은 사람이나, 서로 사랑하는 사람끼리에서 일어나는 경우가 더 많습니다. 이를테면 연인·부부·부모·자식·형제 등이 싸우는 경우가 많습니다.

따라서 사랑하면 할수록, 친하면 친할수록 싸움이 일어난다고 할 수 있습니다. 연인 사이도 서로 무관심할 정도로 냉랭해져 있으면 오히려 다툼이 일어나지 않습니다.

역설적으로 말하면, 다툼이 있는 동안은 아직 그 커플은 서로 사랑하고 있다고도 말할 수 있지요.

다만, 이 때 한 가지 잊지 말아야 할 것이 있습니다. 즉, 다툼에도 규율과 터부가 있습니다. 만약 그것을 깨뜨린다면 사소한 다툼이라도 급기야는 사랑의 종말이 되어 버리는 경우가 될 수도 있습니다.

여기서 중요한 것은 규율과 터부 중에서도 '자존심'을 상하게 할 만한 언동을 해서는 안 된다는 겁니다.

이런 일화가 있습니다.

어떤 한 젊은 변호사가 모 그룹의 회장 딸과 맞선을 보았습니다. 그 변호사는 가난한 편모 슬하에서 태어나, 일하면서 야간 학교에 다니다가 마침내 사법 고시에 합격한 고학 청년이었습니다.

회장은 그 억척스런 모습에 이끌려 맞선까지 보기에 이르렀지요. 당사자들도 서로 마음이 맞아 약혼까지 이야기가 진행됐습니다.

그런데 이들의 사이는 순식간에 깨어져 버렸습니다.

어느 날 두 사람이 만나 어떤 고급 레스토랑에서 식사를 했는데, 그가 식사 예절을 잘 몰라 사소한 실수를 한 것입니다.

part2 진정한 연인이 되기 위한 방법

그것을 보고 아가씨가 쿡쿡 웃은 것이 그 도화선이 되었습니다.

아가씨는 그다지 나쁜 마음은 없었지만, 성장 과정과 집안 차이는 남자에게 최대의 콤플렉스였습니다.

아가씨의 웃음은 마치 '당신 집에서는 그런 매너도 가르치지 않나요?'라고 비웃는 것같이 느껴져, 그의 가슴에 비수같이 꽂혔고, 자존심이 몹시 상했던 겁니다.

자존심을 상하게 하는 또 다른 것으로는 학력이나 상대의 부모, 또 집안에 대한 험담입니다. 또한 여자의 경우에서는 용모나 스타일에 대한 험담은 남자가 상상하는 것 이상으로 심한 충격이 됩니다.

모두 어느 정도의 다툼은 아무리 깊은 연인 사이라도 어쩔 수 없다고 하겠지만, 서로에게 언급하고 싶지 않은 문제만큼은 될 수 있는 한 피하면서 다투는 것이 현명합니다.

프랑스의 철학자 볼테르의 말입니다.

"자존심이란 공기로 부풀린 풍선과 같은 것이다. 그래서 살짝 건드리기만 해도 터져 바람이 되어 버린다."

아무리 꿰맞추려 해도 바람이 된 사랑의 파편은 이미 원상 복귀가 되지 않습니다.

Love Aphorism

세상에는 자기를 사랑하며, 또 사랑받기를 원하면서, 반면에 타인을 괴롭히고 사랑으로부터 멀어져 가는 사람이 있다.

- 쇼 -

전화 한 통화로 감동 주기

 어쩌면 사랑은 전화가 걸려오기를 초조하게 기다리거나, 또는 설레는 가슴을 억누르며 전화를 거는 데서 시작된다고 볼 수 있습니다.
 그럴 때는 언제나 긴 통화를 하게 되지요. 내일이면 또 만날 수 있는데도 좀처럼 수화기를 놓지 못하는 것이 바로 사랑의 마음입니다.
 누구에게나 이러한 경험은 한 번쯤은 있습니다. 그만큼 사랑에는 전화가 필수 요소입니다. 그렇다면 여기서 잠시 생각해 볼까요.
 당신은 전화를 잘 건다고 생각하나요? 아니면 서투른가요?
 "얼굴도 보지 않고 말한다는 게 얼마나 힘든지 몰라요."
 이렇게 말하는 젊은 여성들이 있습니다.
 갑자기 대화가 막혔을 때의 침묵에 황당하기도 하죠.
 말솜씨가 좋은 남자라면 자연스럽게 화제를 돌려 분위기를 깨지 않고 부드럽게 이끌어가겠지만, 그렇지 않은 경우 두 사람은 수화기를 통해 서로의 어색한 숨소리만 듣게 됩니다. 그렇게 되면 이상하게도 말

part2 남성들의 심리를 알면 사랑에 성공한다

은 더 안 나오고, 초조해지죠.

어느 때는 횡설수설하고는 후회하기도 합니다.

그런 분들에게 아주 좋은 전화 이용법을 가르쳐 드리겠어요.

전화에 아직도 서투른 당신을 위해 그이가 부재중일 때 전화를 활용하는 겁니다. 연인이 독신 생활을 하는 경우라면 이보다 더 좋은 방법은 없습니다. 먼저 부드러운 목소리로 전화합니다.

"안녕하세요?"

그가 집으로 돌아와서 메시지 버튼을 누르면 당신의 다정한 목소리가 들려옵니다. 그럴 때 남성은 무척 감격해합니다.

이것을 매일 계속하세요. 전화하는 김에 다른 용건도 말해야겠다는 생각은 버리고, 오직 '안녕하세요?'만을 매일 반복합니다.

아무리 전화에 서투르다 하더라도 이 말만은 부드럽게 할 수 있겠죠. 그리고 좀더 익숙해지면 당신이 하고 싶은 말을 조금쯤 넣어도 좋겠지요. 독신 생활을 하는 남자의 마음은 삭막하기만 합니다. 바로 '안녕하세요?'라는 이 한 마디가 남자의 마음을 크게 감동시킵니다.

Love Aphorism

인간의 사랑은 인간의 위대한 영혼을 더욱 위대한 것으로 만든다.

- 실러 -

연인이 좋아하는 선물로 감동 주기

　크리스마스 선물을 고르는 장면을 외국 영화에서 간혹 볼 수 있습니다. 남자나 여자나 다른 것에는 전혀 신경 쓰지 않고, 열심히 고릅니다. 대다수의 외국 사람들은 선물에 아주 섬세한 신경을 씁니다.
　이에 비해 한국 사람들은 선물에 비교적 무감각합니다. 어처구니없는 것은, 무조건 값비싼 브랜드 상품이라면 훌륭한 선물로 생각하는 것 같습니다. 게다가 직접 손으로 뜬 스웨터 등을 선물했을 때 남자들은 여자의 정성은 생각지도 않은 채 별로 좋아하는 기색을 보이지 않는 경우도 있습니다. 아니, 여자의 자기 만족이 깃들여 있는 것 같아 겁이 난다는 해괴 망측한 말을 하는 남성도 있을 정도입니다.
　그렇다면 그런 남성의 마음에 드는 선물은 어떤 것일까요?
　여기서 몇 가지 구체적인 사례를 들어봅니다.
　만약 당신의 연인이 바다를 좋아한다면 나침반 같은 것을 선물해 보는 것은 어떨까요? 바다를 동경하는 남자라면 무척 감격해할 겁니다.

장차 세계적인 비즈니스맨을 꿈꾸고 있는 사람이라면 멋지게 만든 지구본을, 멋쟁이 사나이라면 린넨 행커칩을 선물하면 어떨까요? 흰색의 큼직한 행커칩 한쪽 구석에 흰색 실로 그의 이니셜을 새겨 넣어 준다면 더 이상 바랄 것이 없겠지요. 그가 기분 좋게 포켓에서 꺼낸 흰색 린넨 행커칩은 그의 품위를 돋보이게 함과 동시에 당신에 대한 마음도 더욱 간절해지게 만들지 않을까요?

남자의 두 손에 가끔 한아름의 꽃다발을 안겨주는 것은 어떨까요? 꽃다발은 일반적으로 남성이 여성에게 준다는 통념이 있는데, 그러기에 남성의 마음 속에 더 큰 감동을 줄 수도 있잖아요.

흰색으로 화사하게 피어난 큼직한 꽃잎을 자랑하며, 꽃 중의 여왕 같은 느낌이 드는 '카사블랑카' 꽃은 어떨까요? 기념일이나 생일 같은 때에 최고의 좋은 선물이 될 수도 있습니다.

때로는 줄기가 긴 한 송이의 꽃을 선사하는 것도 멋이 있습니다.

꽃을 선물할 때는 리본 색깔에도 주의를 하세요. 이를테면 핑크색이나 빨강·파랑·노랑색은 좋지 않습니다. 잎의 색깔, 즉 그린 계통의 리본을 쓰세요. 이처럼 자연스럽게 당신을 업그레이드시킬 수 있는 선물은 곧 당신의 센스입니다.

● Love Aphorism

참된 사랑이란 아름다운 꽃과 같다. 피어난 지면이 메마르면 메마를수록 한층 더 보기에도 아름다운 것이다. 또한 참된 사랑은 보상 없이 무조건 주는 것이다.

- 발자크 -

사랑과 섹스에 대한 편견

사람마다 생김새가 제각기 다르듯이, 각자가 가지고 있는 생각도 각양각색입니다. 이를테면 섹스를 단지 스포츠 정도로 인식하는 사람, 인연을 소중히 여기는 사람, 처녀만 원하는 사람 등등 여러 가지입니다.

또한 사람의 몸매가 각기 다르듯이 섹스 행위 자체 역시 다릅니다.

"그녀와는 결코 헤어질 수 없어."

라고 단적으로 말하는 남자들이 있습니다.

그렇다고 해서 이것이 사랑으로까지 이어진다고는 할 수 없는 것임을 알아야 합니다.

여기에 섹스에 대한 남자들의 냉정함이 숨어 있습니다. 남자는 언제나 '하고 싶다'는 기분에 사로잡혀 있는데, 바로 이 점이 여성과 다른 점입니다.

남성과 여성은 신체 구조부터가 다릅니다. 여성에게 '생리(生理)'라는 현상이 있듯이, 남성의 그런 기분을 두고 원초적인 남자의 생리라고 해도 좋을 것입니다.

따라서 '하고 싶다는 병'은 아무리 책망해도 어쩔 도리가 없습니다.

다시 말해 여자들이 가장 걱정하는 남자의 바람기입니다.

한 명의 여자로는 만족하지 못하는 남자의 심리 때문에 많은 여자들은 상처를 입고 괴로워합니다.

텔레비전에서 유행하고 있는 '불륜(不倫) 유행'도 그러한 여자들의 성에 대한 해방이라고 하면 적합할 것입니다. 하지만 불륜으로 치달은 여자들의 운명은 결과적으로 볼 때 그렇게 좋지 않습니다.

불륜＝섹스

남자들은 밀애(密愛)라는 글자만으로도 기분이 단숨에 꼭대기까지 상승합니다. 그렇지만 이러한 패턴이 여자에게는 가장 불리하게 작용했습니다. 왜냐 하면 자극이 있는 동안에는 좋았지만, 그것이 매너리즘에 빠진 순간 남자는 흥미를 잃게 되기 때문입니다.

다시 새로운 신선함을 찾으려 하는 것이 남자의 본능입니다. 그리고 남자가 거리의 여자를 찾는 이유도 마음보다는 육체적인 자극을 원하기 때문입니다.

여자가 사랑과 섹스를 동일시한다고 해서 남자 역시 그렇다고는 말할 수는 없습니다. 그래서 여자가 그런 점을 추궁하면 남자는 여자로부터 도망쳐 버립니다.

특히 한번 육체 관계를 맺은 것만으로 '나는 당신 것이에요'라는 식의 여자를 남자들이 가장 기피한다는 사실을 기억해 두어야 합니다.

자립하여 캐리어가 쌓인 여성이면서도 섹스 면에서는 전혀 자립하지 못한 경우가 많습니다.

한 명의 남성만을 계속 뒤쫓으며 질투심에 불타는 타입보다는, 그 반대로 다른 남자와도 관계를 갖는 여성이 오히려 남자에게 더 매력적으로 느껴질 때도 있다고 합니다. 아이러니컬한 이야기가 되기도 하겠지만, 남자의 생리와 여자의 생리에는 이토록 차이가 있다는 것입니다.

남성의 심리를 여러 가지 상황으로 보아 올바로 알아내기는 매우 까다로운 문제입니다.

그렇지만 여기서 중요한 것은, 사랑하는 사람과 섹스를 하는 느낌으로 그와 함께 있다는 생각을 유지해야 합니다.

특히 남자의 심리를 알아내려고 기를 쓰기보다는 '그를 선택하는 사람은 바로 나다'라는 마음의 여유가 오히려 역으로 남자의 마음을 사로잡게 될 것입니다.

Love Aphorism

사랑에서는 우리의 행복한 경쟁자, 즉 연적은 우리의 은인이라 볼 수 있다. 육욕밖에 돋우지 않던 시시한 여자에게 연적은 순식간에 무한한 가치를 부가시킨다. 물론 그것은 그 여자와는 상관 없는 가치이지만, 우리는 그것을 여자와 혼동한다. 만약 연적이 없거나, 연적이 있다는 생각을 하지 않는다면 육체적 쾌락은 사랑으로 변하지 않을 것이다. 우리의 행복을 위해서는 의혹이나 질투가 있지도 않은 연적 주위에 꾸며내는 가공적 생활만으로도 충분하다.

- 프루스트 -

남성의 밀고 당기기 심리

남성에게는 '쫓아가면 도망치고, 도망치면 뒤쫓고 싶은' 본성이 있다고 합니다. 그러나 남성의 시각에서 볼 경우, 도망치고 싶은 때는 여성의 집요한 추적이 있을 때가 아닐까요?

남성은 본래 사랑에 대해 자기가 리드하고 싶다는 욕망이 크게 자리하고 있습니다.

더욱이 남성다움을 강조하는 타입은 여자가 쫓아가면 도망치고, 도망치면 뒤쫓으려는 경향이 무척 강합니다.

또한 사랑은 '집착'을 부채질합니다.

1회보다는 2회, 3회보다는 5회……. 이처럼 만나는 시간이 늘어날수록 상대방에 대해 집착이나 독점욕이 강해집니다.

이러한 경향은 남성보다는 여성이 강한 듯합니다.

왜냐 하면 두 사람의 거리가 적정선을 유지하고 있는 동안은 별문제가 없지만, 그 균형이 깨어지면 갑자기 불안에 빠지는 쪽은 바로 여자이기 때문입니다.

만약 그럴 경우, 공연히 눈물을 글썽이면서 몇 번이고 전화를 걸어서는 안 됩니다. 바로 그것이 남자를 도망치게 하는 원인이자 다른 여자에게 눈길을 돌리는 계기가 됩니다.

남자가 도망치려는 자세를 보이더라도 모른 척하며 여느 때처럼 그 사람을 만나보세요. 남자가 쌀쌀맞게 나오더라도 마음의 여유를 갖고 대처해야 합니다. 그렇지 않고 서둘러 뒤쫓으려 한다면 최악의 경우로만 치달을 뿐입니다.

앞서도 지적했듯이, 남자에게는 여자를 리드하고 싶어하는 마음이 있습니다.

'나는 당신을 이만큼이나 생각하고 있는데'라는 생각으로 자신만의 견해를 밀어붙인다면 사랑은 이미 압력 이상의 아무것도 아닙니다.

지나친 여자의 사랑이 '뒤쫓으면 도망치는' 남자의 패턴을 만들었다고 해도 과언이 아닙니다.

그러므로 불행한 결과를 불러일으키는 일이 없도록 사랑에 마음을 써야 합니다.

그렇다면 어떻게 하는 것이 좋을까요?

뒤쫓고 싶은 충동을 꾹 억제했는 데도 도저히 더는 참을 수 없을 경우, 다음과 같은 방법도 고려해 보세요.

잠시 그가 아닌 다른 남성에게로 시선을 옮겨봅니다. 그 사람 이외의 대상에서 흥미를 찾아보는 겁니다. 오히려 연인인 그가 놀랄 정도로, 괴롭지만 잠시 거리를 두어보는 겁니다.

만약 그가 진심으로 당신을 사랑하고 있다면 당신에게로 반드시 다시 옵니다.

남자란 역설적으로 100퍼센트 자기 뜻대로 되는 여자에게는 싫증을 느낀다고 합니다.

남자들은 자신들이 '뒤쫓는다'는 의욕을 불러일으켜 주는 여자에게 투지를 불태우려는 묘한 심리가 있습니다. 그것은 아마도 정복욕이 강하기 때문입니다.

그러므로 사랑이 오래 지속되려면 '밀고 당기기'와 더불어 '불가사의한 매력'이 필요합니다.

Love Aphorism

사랑이란 이를테면 깊은 한숨과 함께 솟는 연기가 되기도 하고, 맑아져서는 연인의 눈동자에 반짝이는 불이 되기도 하며, 흐트러져서는 여인의 눈물에 넘치는 큰 바다가 되기도 한다. 그뿐만 아니라, 매우 분별하기 어려운 광기, 숨 막히는 고집인가 하면, 싫증과 설렘을 동시에 갖게 하고, 참을 수 없는 충동과 권태를 불 지피며, 또한 생명을 기르는 달콤한 입술이기도 하다.

- 셰익스피어 -

여성을 원하는 남성의 심리

"여자는 침실에서 창녀가 돼라"는 말이 있는데, 이것은 남자의 성을 여실히 드러낸 말이라 할 수 있습니다.

처음에는 설렘으로 시작된 섹스도 회를 거듭할수록 타성에 젖어 버립니다.

그렇게 되면 대개의 남성들은 신선함을 찾아 다른 여자에게 새롭게 눈을 돌리려는 경향이 있습니다. 여자의 입장에서 보면 그 얼마나 기막히는 일인가요.

하지만 경우에 따라서는 남자가 그런 마음을 갖도록 한 여자 쪽에도 문제가 있는 게 아닐까요?

세상에는 바람둥이 남자들만 있는 것은 아닙니다. 오랜 세월 동안 오직 한 여성만으로 만족하는 남자들도 얼마든지 우리 주변에 많이 있습니다.

그런 남자들의 파트너, 즉 연인이나 아내들에게서 찾아볼 수 있는 공통점은 모두가 대단히 매력적이라는 사실입니다. 즉, 한 마디로 섹시함이 있습니다.

'섹시'라는 말은 한국에서는 왠지 외설스러운 뉘앙스를 풍기지만, 외국에서는 이 '섹시'라는 것을 매우 중요시합니다.

또한 이 말은 남자를 유혹하는 선정적인 교태가 아니라, 여자로서 갖고 있는 최대한의 매력을 '섹시'라고 보는 것입니다.

외국의 여자들은 항상 언제 어디서나 남자의 시선을 의식합니다. 예를 들면, 보디 케어에 신경을 쓰는 것 역시 드레스를 아름답게 보이게 하기 위한 기본이며, 그런 마음 자세가 당연히 침대까지 이어집니다.

그녀들은 사랑하고 사랑받았을 때 비로소 몸도 마음도 진정한 사랑으로 이어진다는 사실을 이미 알고 있습니다.

그래서 두 사람만의 시간, 즉 알몸으로 사랑을 주고받는 순간을 무엇보다도 소중히 여깁니다. 그리고 그 순간을 반드시 다음으로 연결시키는 지혜를 가지고 있습니다.

이를테면 사랑하는 남자가 매일 자기를 만지고 싶어하도록 누구보다도 매력적이고 섹시한 여자라는 여운을 남겨놓습니다.

'귀엽다'라는 말을 들으면 한국의 여성들은 좋아하는데, 외국에서는 그 말이 결코 칭찬으로만 받아들이지 않습니다. 오히려 '귀엽다'는 말을 들으면 무척 의아해하거나 난처한 표정을 짓기 십상입니다.

외국의 성인 여자들이 가장 듣고 싶어하는 칭찬의 말은 '섹시하다'는 표현입니다.

그래서 그녀들은 드레스나 헤어스타일 하나를 고르는 데도 그 점을 충분히 의식한 후 선택합니다. 당연히 나이트 가운이나 란제리를 고를 때도 그런 심리가 작용합니다.

이와 같이 자기 자신을 최대한으로 섹시하게 보일 수 있는 '침대에서의 연출'이 사랑에서는 매우 중요합니다.

그리고 경우에 따라서는 어느 정도의 연기가 보태어지면 더 매력적일 수 있습니다. 지금부터라도 당신의 연인은 그것을 결코 싫어하지 않는다는 사실을 기억해야 합니다.

●Love Aphorism

사랑은 봄에 피는 꽃과 같다. 꽃은 모든 것에 희망을 품게 하고, 싱그러운 향내를 풍겨 나비를 부른다. 그리하여 열매를 맺고 씨앗을 세상에 뿌린다. 그렇기 때문에 사랑은 향기조차 없는 메마른 폐허나 다 쓰러져가는 오막살이일지라도 희망을 품게 하고, 싱그러운 향내를 풍기게 한다.

- 플로베르 -

섹스에 대한 남성의 심리

"섹스가 동반되지 않은 남녀 관계는 아이들의 소꿉장난에 지나지 않는다"란 말도 있듯이, 사랑을 할 경우 당연히 섹스를 생각하지 않을 수 없습니다.

남녀의 사랑이 창조주가 부여해 준 일종의 본능으로서, 종족 보전을 위한 육체 결합의 수단으로 생각한다면, 건강한 육체를 가진 남녀가 서로 사랑을 나누는 과정에서 섹스라는 형태를 취하는 것은 너무나도 자연스러운 과정입니다. 그러므로 결코 불결하다고 배척만 할 것은 아닙니다.

그렇지만 섹스가 사랑의 순수한 행위이기는 하지만, 그 반면에 때로는 애써 키워온 사랑을 끝내 버릴 만큼 커다란 마이너스 요인도 가지고 있음을 숨길 수 없습니다.

어떤 의미로는 섹스는 남자와 여자가 서로 마지막 베일을 벗어던지고, 그 비밀스런 부분을 감추지 않고 활짝 열어 상대에게 보이고, 또한 알리는 숭고한 의식의 일종이라고 볼 수가 있는 것입니다.

그런데 자칫하면 처음 얼마간은 신선한 자극과 감동으로 사랑이 더 고조될 수 있지만, 회를 거듭하면 곧 퇴색되고 싫증나기 쉬운 함정에 빠질 수 있습니다.

그리고 한번 열려진 '신비의 문'은 두 번째부터는 열리기가 더 쉬운 법입니다.

"육체의 만족을 채운 순간부터 남자의 사랑은 급격히 저하된다." 라는 말까지 있습니다.

이것이 극단적으로 되면 섹스는 타성에 젖어 버려 데이트란 단지 그 수단이 되기 쉽습니다.

남성은 보살핌이나 다정함을 잃고, 여성은 수치심과 조심성을 잊어 갑니다. 그러다 마침내 소중한 인간의 본질을 잃고, 단지 육체만의 결합이 되어 버립니다.

세상에는 유감스럽게도 이런 남녀 관계가 매우 흔합니다.

물론 당연히 섹스는 쾌락을 동반하기 때문에 그런 방면의 즐거움을 얻는 것이기도 합니다. 그러나 다만 그것뿐이라면 동물의 본능적 행동과 별반 다르지 않겠지요.

본능이란, 타오를 때는 격정적이지만, 식을 때는 또한 빨리 식어 버리는 단점도 가지고 있습니다.

인간의 섹스도 마찬가지로 신선함과 감동이 흐려지면서 점점 식어 가는 것은 당연합니다. 그리고 앞서 말한 바와 같이 이런 경향은 남성 쪽이 더 예민합니다.

그러므로 여자의 입장에서는 섹스를 쉽게 하지 말고 마지막 '비장의 카드'로 만들어 두는 편이 현명합니다.

두 사람의 사랑이 완전히 고조되어 서로가 그것을 간절히 원했을 때까지 참으라는 것은 아니지만, 처녀인 것이 훈장이라도 되느냐는 핀잔 따위의 허무 맹랑한 꼬임에 결코 넘어가서는 안 됩니다.

남자는 상대가 처녀인지 아닌지가 결혼 조건으로 그다지 중요치 않다고 말은 그렇게 하지만, 그것은 입에 발린 소리일 뿐 본심은 누구나 자신이 그녀의 첫 남자이기를 바랍니다.

더욱이 상대가 자신에게 순결을 바친 데 대한 기쁨과 감사는 여성이 상상하는 범주 이상입니다. 그리고 일반적으로 상식 있는 남자라면 상대에 대한 사랑이 커짐과 함께 그 이후에도 남자로서의 책임감을 더더욱 느낍니다.

그렇다면 여성의 경우, 설령 사랑을 하므로 그에게 몸을 허락했다고 해서, 한번 허락한 거니까 결혼할 때까지 앞으로 몇 번을 더 허락한다 해도 마찬가지라고 생각한다면 그것은 큰 잘못을 저지르는 결과를 낳습니다.

그리고 만약 당신이 그에게 육체를 내주기 아까워한다고 해서 곧바로 변심해 버리는 남자라면 그의 사랑은 진실이 아니라고 생각해도 무방합니다.

part 3

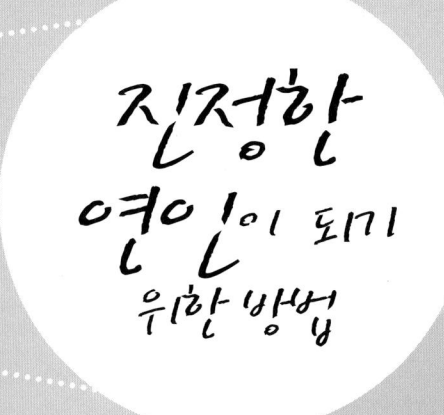

진정한 연인이 되기 위한 방법

'성숙한 연인'이란 짧은 기간에 이루어지는 게 아닙니다. 항상 무표정한 얼굴을 한 사람은 아무리 용모가 뛰어나다 해도 매력을 느낄 수 없습니다. 당신 특유의 웃는 얼굴, 남자의 가슴을 가장 두근거리게 합니다.

경험으로 아름다운 내면 다지기 101
풍부한 인간미로 행복 가꾸기 103
사랑의 줄다리기에서 여유 찾기 106
소녀 같은 사랑스러움으로 승부하기 109
연인을 위한 곡선 몸매 만들기 111
남성들이 바라는 연인상(像) 114
연인 앞에서 가면 벗어던지기 116
품위 있고 맛있게 잘 먹기 118
웃는 얼굴 보이기 120
자신의 선택에 후회 안하기 122

경험으로 아름다운 내면 다지기

"나이가 들면 자기 얼굴에 책임을 져야 한다."
라는 말이 있습니다.

'경험'이라는 재산이 환한 얼굴에 나타나기 시작하는 때야말로 '좋은 여자'로서의 첫걸음이 되는 겁니다.

젊음은 분명 아름답습니다. 그렇지만 '성숙한 여인'들에게는 어느 누구도 맞설 수 없는 아름다움이 있습니다. 그것은 대개 남자들이 연상의 여성들을 동경할 때는 외면보다는 내면의 아름다움에 매료되는 일이 많기 때문입니다.

제아무리 젊고 귀엽더라도 대화가 막히면 이내 분위기가 어색해집니다. 그러나 성숙한 여인들은 경험이 풍부하므로 여유 있게 대화를 주고받는 요령을 알고 있습니다.

말하자면 구변이 좋은 것이죠. 구변이 좋다는 것은, 즉 남의 말을 잘 들어준다는 뜻이기도 합니다.

또한 그녀들은 '양보'하는 요령도 잘 알고 있으므로 그때 그때의 사정에 맞춰주기 때문에 말하는 상대가 기분 좋게 대화를 주고받을 수 있습니다. 물론 개중에는 단지 나이만 먹었을 뿐, 다른 사람은 생각지도 않고 자기 주장만 되뇌이는 사람도 있습니다. 그런 여자는 진정 '성숙한 여인'이라고는 말할 수 없겠지요.

특히 이지적인 '성숙한 여인'이란, 많은 경험 속에서 터득한 아름다움을 한층 더 승화시킨 여성을 기리킵니다.

젊음만이 사랑의 특권이라는 시대는 이미 지나갔습니다.

중년의 여성, 그녀들이 '성숙한 여인'이란 명제 속으로 집중하는 것은, 그녀들은 겉모습의 아름다움보다는, 살아가는 그 자체의 아름다움을 추구하기 때문입니다. '성숙한 여인'을 두고 이탈리아에서는 일반적으로 하는 말이 있습니다.

"여자에게 있어 돈이나 보석보다 더 값진 재산은 '경험'이다."

이 말은 10대 때에는 무슨 뜻인지 이해되지 않겠지만, 20대가 되면 반드시 잊지 말고 이런 사실을 인식해서 의식적으로도 경험을 쌓아야 합니다. 왜냐 하면 '성숙한 여인'이란 3년 또는 4년이라는 짧은 기간에 이루어지는 게 아니기 때문입니다.

Love Aphorism

말로 하는 사랑은 쉽게 외면할 수 있지만, 행동이나 경험으로 보여주는 사랑은 저항할 수가 없다.

- 무니에 -

풍부한 인간미로 행복 가꾸기

'마음이 미인'이라고 일컬어지는 여성들이 있습니다.

이 말은, 얼굴은 비록 아름답지 않더라도 마음만은 아름답고 착한 여성들을 뜻하는 표현입니다.

거기에다 지성과 교양이 뛰어난 여인이라면 얼마나 멋질까요!

그러나 대부분의 남성들은 여성의 외모에 먼저 끌리기 때문에 이러한 여성과 사귀는 사람이 많지 않은 것입니다.

그러므로 이러한 여성들은 아무리 세월이 흘러도 남성들이 선뜻 다가오지 않기 때문에 마음의 아름다움을 드러낼 기회가 좀처럼 찾아오지 않는 것이 보통이죠.

그렇다면 '마음이 미인'이란 말은 그냥 위로의 말에 지나지 않을까요?

그렇지 않습니다. 내면의 아름다움이란 언젠가 반드시 밖으로 드러나게 되어 있습니다.

신체와 용모는 아무리 가꾸어도 노화되는 것을 막을 수 없지만, 정신의 풍요로움은 노력에 따라 얼마든지 가꾸어 나갈 수 있습니다. 그리고 이러한 내면의 풍요로움이 외면의 아름다움을 복돋워 줍니다.

일례를 들면, 그다지 미인이 아니었던 여자 배우가 있었는데, 연기 생활 외에도 틈틈이 봉사 활동을 했습니다 그런데 어느 사이에 전보다 훨씬 품위 있고 아름다운 용모로 변해 있었습니다. 이와 같은 경우가 바로 그런 이유에서 연유된 것입니다.

내면의 충실과는 조금 거리가 있지만, 애교가 있다는 것도 미인의 요소라고 말할 수 있습니다.

'남자는 배짱, 여자는 애교'라고 합니다.

비록 얼굴이 조금 못생겼어도 애교가 많은 여자는 내숭이나 떨고 있는 미인에 비해 훨씬 아름답게 보입니다. 이 애교란 자신의 '밝은 마음'에서 오는 것이지요.

또한 밝은 마음은 타고난 성격일 수도 있지만 자신의 노력으로써 얼마든지 가능합니다. 이러한 노력은 지성이나 교양을 갖추는 것보다는 오히려 즐거운 마음으로 할 수 있을지 모릅니다.

여성의 아름다움을 증대시키는 요소는 밝은 마음과 더불어 표정의 풍부함을 들 수 있습니다.

아무리 용모가 뛰어나다 해도 항상 무표정한 얼굴을 한 사람은 매력을 느낄 수 없습니다.

그렇다고 언제나 입을 크게 벌려 깔깔 웃거나, 노골적으로 이마를 찡그리며 싫어하는 감정을 드러내는 것은 결코 바람직하다 할 수가 없습니다.

하지만 즐거울 때는 밝게 소리내어 웃고, 슬플 때는 눈물을 흘리며 흐느껴 우는 것은 결코 추한 모습이 아닙니다. 오히려 보는 사람으로 하여금 풍부한 인간미를 느끼게 해서 더욱 아름답습니다.

이런 여러 가지 예에서 밝혀졌듯이 여성의 매력은 꼭 용모만은 아님을 알 수 있습니다.

그래서 '마음이 미인'인 여성은 남성에게 더 강하게 감동을 줄 수 있습니다.

Love Aphorism

사랑은 하나의 통찰력에 대한 증거인지도 모른다. 왜냐 하면 욕망은 언제나 우리들과는 가장 반대적인 것을 향해 가면서, 우리에게 우리를 괴롭히는 것들을 사랑하라고 강요하니 말이다. 어떤 사람의 매력, 그 사람의 눈이나 입이나 키가 지닌 매력 속에는 우리가 모르는, 우리를 가장 불행하게 만들 수 있는 요소가 분명히 내재한다.

그러므로 어떤 사람에게 매력을 느끼는 일, 사랑하기 시작하는 일은 우리가 그것을 아무리 순진한 것인 양 말할지라도 이미 또 다른 근거에 의하여 그 사람의 온갖 배신이나 과오를 읽는다는 뜻이다.

- 플로베르 -

사랑의 줄다리기에서 여유 찾기

대다수의 남자들이 싫어하는 대표적인 여성의 타입이라면 '집요한 여자'와 '신경질적인 여자'입니다.

그 다음으로는 불결, 지나친 자신감 등 여러 가지가 있겠으나, 지나친 자신감의 경우에는 여자들 사이에서 오히려 더 싫어하는 것 같습니다.

예컨대 '보디 콘'(body conscious : 여성의 몸의 곡선을 의식적으로 강조한 패션)을 입고 나서서 자신 만만하게 남자들을 유혹하는 여자들을 보면,

"저런 바보!"

하고 그 자리에서 쏘아붙이는 건 여성들입니다.

그 밖에도 남자들이 싫어하게 되는 요소는 여러 가지가 있지만, 결국 미움을 받는 첫번째 순위는 역시 '집요한 여자'인 것 같습니다.

'쫓아오면 달아나고 싶다. 도망치면 뒤쫓고 싶다.'

이렇듯 여자의 마음을 남자들은 완벽하게 알아차리고 있습니다.

하지만 생각해 보면 여자들도 마찬가지입니다. 연인에게서 매일 걸려 오던 전화가 어느 날 뚝 끊어졌습니다.

'무슨 일이지?'

하면서 안전부절못하고 초조해합니다.

그래서 집뿐 아니라 볼일도 없는데 공연히 회사에까지 찾아갑니다.

상대가 퉁명스럽게 나오면 나올수록 의심은 하면서도, 설마 하고 또 전화라도 해 봅니다. 그리하여 계속해 집과 회사를 찾아다니고, 전화는 쉴 틈이 없습니다.

이 악순환이 계속된다면 어떤 결과로 치닫게 될지 걱정이 아닐 수 없습니다.

그렇습니다.

이제 얼굴도 보고 싶지 않을 정도로 당신을 싫어하게 되는 경우가 위와 같은 경우입니다.

"세상에, 저런 여자는 질색이야!"

이런 표현이 적합하겠죠.

"그만두지 못해!"

마침내 남자는 폭발합니다.

그 순간, 더 이상 억제할 수 없는 감정에 휩싸여 대개의 여자들은 이성을 잃을 만큼 괴로워합니다.

"농담이 아니라고!"

이런 말이 남자의 입에서 나올 때는 격분한 감정에 폭언까지 서슴지 않습니다.

'설마? 이래도?'

한 차례 욕설을 퍼붓다가 그만 그녀는 스스로 녹초가 되어 버립니다.

그래도 밤이 되어 기분이 가라앉을 무렵이면, 당신은 또다시 전화기로 손을 뻗습니다.

'사과해야지······.'

그러나 이미 때는 지났습니다. 남자는 전화기에서 당신의 목소리를 듣는 순간 즉시 끊어 버리거나 아예 받지 않습니다.

그는 이제 당신의 얼굴을 떠올리거나 목소리를 듣는 것조차 역겨워합니다.

이런 상황까지 되면 궤도 수정은 벌써 물 건너간 것이라 볼 수 있습니다.

그렇지만 남성과 사랑의 줄다리기에는 마음의 여유가 무엇보다 필요합니다.

어느만큼의 시간을 두고 기다렸다가 그의 기분이 다소 가라앉은 낌새가 보이면 큰 맘 먹고 '헤어지기 쉬운 여자'의 역할을 해 봅시다.

그러면 오히려 남자 쪽에서,

'이상한데? 그럴 여자가 아닌데······.'

라고 생각할 정도로 말입니다.

이윽고 이쪽보다 달아오른 남자가 신경을 거슬리게 한다고 해서 그 이유를 반문하고 싶겠지만 여기서 한 발 참으세요.

결과적으로 참는다는 것은, '집요한 여자'라는 딱지를 붙이기보다는 그 에너지를 다음의 만남으로 옮겨놓는 지혜입니다.

소녀 같은 사랑스러움으로 승부하기

많은 남성들이 소녀 같은 사랑스러움을 지니고 있을 뿐만 아니라 티 없이 맑은 여성들에게 매료되는 것은 아마도 따스한 체온을 느끼기 때문일지도 모릅니다.

특히 날마다 경쟁이 치열한 남성 사회에서 거친 파도를 헤쳐가기란 여간 힘든 일이 아니기 때문에, 그러한 때 소녀 같은 여성이나 천진스런 장난기를 접하게 되면 마음이 끌리는 것은 어쩌면 당연한 일인지 모릅니다.

어느 날 어떤 남자 배우가 기자와의 인터뷰에서, 부인과 결혼을 결심하게 된 이유를 묻자,

"그녀는 매일 아침 내가 보고 있는 줄도 모르고 화분에 물을 주면서 꽃에 바짝 입술을 갖다대고 무언가 속삭이고 있었는데, 그 모습을 보고 '아, 저런 여자라면 되겠다'하고 생각했습니다."

라고 대답했습니다.

우리는 어렸을 때 인형이나 꽃을 상대로 이야기한 경험이 있습니다. 그러던 것이 어느 새 현실만 바라보는 여자로 성장했습니다.

그래서인지 많은 남성들은 이미 성숙한 여자인데도(이 점이 중요합니다) 아직 소녀 티가 가시지 않는 여성에게 쉽게 감동합니다.

남자들의 마음 속에는 어렸을 때 갖고 있던 그 순수함이나 천진스러움에 대한 동경심이 영원히 살아 있는 모양입니다.

그래서 자기 자신이 오래 잊고 있었던 것을 만났을 때 그것은 그지없이 사랑스럽게 느껴지고, 또 감미로운 생각에 가슴이 벅차게 되는가 봅니다.

누구나 지난 세월을 뒤돌아볼 때 어렵고 괴로웠던 일들까지도 아름답게 느껴지는 건 어째서일까요? 그것은 바로 시간의 흐름이라는 막강한 동반자가 있었기에 가능합니다.

세 살, 여섯 살, 열 살, 열두 살…… 그 모든 것이 지금은 당신의 머릿속에서 숨쉬고 있습니다. 그래서 여성들은 문득 자기도 모르는 사이에 소녀 같은 짓을 하는 때가 있습니다.

그리고 보면 남성들의 사랑을 받는 대부분의 여성들은 모두 천진스럽고, 또 잘 웃는다는 사실을 발견할 수 있을 겁니다.

그러한 여자들은 여자이기 이전에 소녀이며, 소녀이기 이전에 여자입니다. 이것을 아주 자연스럽게 잘 사용하고 있는 것입니다.

'사랑스러움.' 이것은 여성들이 아무리 나이를 먹어도 새겨두어야 할 가장 가치 있는 말입니다.

꽃을 상대로 자기도 모르게 대화를 나눌 줄 아는 마음, 소녀를 연상시키는 순수함은 눈부신 사랑이 성큼 당신 앞으로 다가오게 합니다.

연인을 위한 곡선 몸매 만들기

결코 쉬운 일이 아니지만, 날씬하고 부드러운 몸매는 마음먹기에 따라서 얼마든지 유지할 수 있습니다.

이 때 중요한 건 어제보다는 오늘, 오늘보다는 내일이 언제나 목표라는 사실입니다.

쭈욱 곧은 등, 의자에서 일어날 때의 나긋나긋한 동작, 사뿐사뿐 걸어갈 때의 그 탄력 있는 발목……

이같이 항상 여자라는 사실을 의식하고 있다면 필연적으로 아름다운 곡선을 잃지 않는 동작이 유지될 것입니다.

이러한 마음가짐으로 하면 처음에는 남의 눈을 의식하지만 머지않아 무척 자연스럽게 됩니다.

특별한 행동을 일부러 연출하지 않더라도 부드러운 몸매가 자연스럽게 표현될 수 있습니다.

어느 여배우의 경우, 데뷔 이후부터 계속 아름다운 몸매를 유지할 수 있었던 것은 '거울'이었다고 합니다.

데뷔 당시 그녀는 지금보다 몸이 좀 뚱뚱했다고 합니다. 그래서 다리가 어떻게 하면 가늘게 보이는지, 그리고 허리가 아름답게 보이는지를 '거울' 앞에서 연구했다 합니다.

이와 같이 자기 체크를 엄격하게 해 감으로써 몸매는 몰라볼 정도로 날씬해지고 부드러워졌다고 합니다.

그리고 또 하나, 남의 눈에 자기를 드러내는 것도 일종의 포인트입니다.

대다수의 탤런트들이 데뷔 당시보다 점점 더 아름다워지는 것은 모두 이러한 이유에서입니다.

이렇게 함으로써 자기 자신의 몸에 세련되고 부드러운 선을 가꾸어 갑니다.

무릎을 구부리고 뒤뚱거리며 걷는다면 당신의 얼굴이 아무리 아름답더라도 소용이 없습니다.

당신의 매력은 무릎을 쭉 뻗어 허리로 걷는 듯한 느낌으로 사뿐사뿐 걷는 것만으로도 훨씬 돋보입니다.

특히 당신의 신체 가운데 가장 아름답다고 자신하는 매력 포인트를 알아두는 것이 중요합니다.

그리고 일상 생활에서 어떻게 노력하느냐에 따라 아름다움이 유지될 수 있습니다. 꼭 직접적인 운동이 아닐지라도 섰다 앉았다, 걷거나 뛰거나 하면서……

이런 동작들은 매일 남성의 눈을 의식하면서, '항상 굴곡 있는 라인으로 행동할 것'을 목표로 삼는다면, 언제나 부드럽고 날씬한 보디 라인을 유지할 수 있습니다.

　사랑과 만나기 위한 첫번째 스승이 '거울'이라는 사실도 잊지 마세요. 결론적으로 말하면 아름다워지는 것은 매일매일의 마음가짐에 달려 있습니다.

　몸매관리센터나 피부 미용실, 미용실 등에서 굳이 비싼 돈을 지불할 필요가 없는 것입니다.

Love Aphorism

　사랑은 두려움이고 용기이다. 붙들린 몸이기도 하고 해방이기도 하다. 병들어 있으면서도 건강하고, 행복하면서도 고민한다. 사랑은 끊임없는 물음인 동시에 마음 설레는 기대이기도 하다.

- 알베로니 -

남성들이 바라는 연인상(像)

어느 잡지에서 〈당신의 이상적인 결혼 상대는?〉이란 제목으로 남성들을 상대로 앙케트를 실시한 적이 있는데, 1위가 '요리를 잘 하는 여성'이었습니다.

2위 이하는 마음씨 착한 여성, 가정적인 여성, 남성의 체면을 세워주는 여성 등으로 이어졌습니다.

이 설문지를 미루어 보아 이것은 마치 그들의 어머니상(像)이 아닐까 하는 생각이 들 정도였습니다. 결국 남성들이 동경하는 여성상이란 바로 '어머니 같은 여성'이기도 합니다.

한때 '마더 콤플렉스' 혹은 '마마 보이'라는 말이 많은 여성들의 입에서 나온 것도 어머니와는 떨어지지 못하는 남자들에 대한 놀림이었습니다. 그러나 마더 콤플렉스 또는 마마 보이를 만든 것은 어떤 의미에서는 여성들이라고도 할 수 있습니다. 왜냐 하면 직업을 가진 여성들이 늘어남에 따라 발언권이 강해진 가운데 그녀들은 더욱 아름답고 강해져서 그만큼 남자들은 여성에 대해 안심할 수 없었습니다. 그것에 대한 반동으로 콤플렉스가 된 것입니다.

"여성과 스타킹이 강해졌다."

곧잘 남성들이 비유했던 이 말로도 짐작할 수 있습니다.

그래서 요리 잘 하고 마음 착하고 남자의 위신을 세워주는 여자, 이런 것을 우선으로 꼽은 남자의 기분도 알 만합니다.

다시 말해 '결혼'이란 형식 속에는 두 남자가 필요 없다는 것입니다.

어떤 남자가 이혼 사유로 이렇게 말했습니다.

"집안에 부인은 없고, 남자만 두 사람 있었습니다."

남자도 일, 여자도 일, 이렇게 되면 집안일을 돌볼 사람이 없는 것입니다.

이렇게 되면 경제적으로는 확실히 여유가 생길지 모르겠지만, 그것이 남녀 관계에 지장을 준다면 큰 문제로 야기되는 것입니다.

멋진 사랑을 꿈꾸고, 나아가서 결혼까지 고려하고 있는 지금의 당신으로서는 어떠한 경우라도 남자의 입장, 여자의 입장이라는 역할을 의식해야 합니다. 바로 이것이 가장 중요한 일일지도 모릅니다.

결혼을 생각하고 있으면서도 아직은 데이트할 때 남자가 으레 지불해 왔던 식사를 한 경우, 여성 쪽에서도 그 비용을 분담하려는 마음가짐이 필요합니다.

이러한 작은 마음가짐이 쌓여 신뢰를 구축하고, 사랑도 오래 지속됩니다.

연인 앞에서 가면 벗어던지기

상대방이 남성이라면 당신에게 맨 먼저 요구하는 것은 바로 '여자' 라는 사실입니다.

그러므로 그의 머릿속에는 만난 순간부터 이미 당신을 품에 안고 있는 모습부터 상상하고 있을지도 모릅니다.

남자란 좋아하는 여자가 항상 자기 곁에 있어주기를 바랍니다.

그리고 남자들은 '여자'라는 사실에 너나 할것없이 접근하며, 또한 '사랑할 만한' 조건을 상대 여성이 갖추고 있는지를 살핍니다.

즉, '여자'로서의 아름다움을 갖추고 있느냐 하는 것이지요. 물론 그 아름다움에는 외적인 아름다움뿐 아니라, 상냥함이나 솔직함도 함께 포함됩니다.

그런데 사람들은 왜 사랑을 추구하는 것일까요?

그것은 외톨이가 아니라는 점을 확인하고 싶기 때문입니다.

그래서 처음부터,

"나는 혼자서도 살아갈 수 있어요."
라고 말합니다. 본인에게는 정직한 이야기인지는 몰라도, 이런 타입의 여성에게는 결코 남성들이 접근하지 않습니다. 왜냐 하면 사랑을 원하는 대다수의 남자들은 고독하기 때문입니다.

또한 남자들은 쓸쓸한 외톨이입니다.

거기에서 구제받기 위하여 여자를 원하게 되므로 '혼자서도 살 수 있다'는 타입의 여성에게서 매력을 느낄 수는 없는 것은 당연합니다.

남자들이 둘과의 만남에서 바라는 것은,

"함께 고독에서 벗어나자."
라는 말일지도 모릅니다.

그래서 가면을 벗어던지고, 만나는 순간부터 자기를 완전히 받아줄 수 있는 여성인지 어떤지를 탐색하기 시작합니다.

이럴 때 여성 쪽에서 평소의 버릇대로 콧대를 세우고 있으면 그 순간 남성의 기분은 구렁텅이로 떨어지고 맙니다.

"잠깐만요. 사실은……."
하고 나중에 붙잡고 애원해도 기차는 이미 당신을 떠나갔습니다.

그러므로 남자가 마음을 열고 다가올 때는 당신도 마음을 열어주어야 합니다.

"저도 고독했어요."

이런 정직함만이 만나는 순간부터 남자가 바라는 '여자'의 모든 것입니다.

part3 진정한 연인이 되기 위한 방법

품위 있고 맛있게 잘 먹기

일반적으로 남자들은 이렇게 말합니다.
"잘 먹는 여성은 섹시하다."
"섹시한 여성은 잘 먹는다."
식사때 음식을 조금밖에는 먹지 않는 여성은 남자들의 기분을 우울하게 만든다고 합니다.
그리고 일부러 조금밖에 먹지 않는 여자와, 주문한 음식을 깨끗이 다 먹지 않는 여자도 별로 좋게 생각지 않는다고 합니다.
이것은 대다수 남성들의 공통된 말입니다.
그렇다고 무턱대고 아무것이나 꾸역꾸역 많이 먹는 것만이 결코 좋다는 뜻은 아닙니다. 가장 중요한 점은 '상대방의 존재를 의식하면서' 맛있게 먹어야 한다는 의미입니다.
같은 여성이라도 품위 있게 먹는 사람이 있고, 게걸스럽게 음식만 쏘아보며 입에 넣는 사람도 있는데, 무엇보다도 남자와 대화를 나누면서 얌전하게 식사할 수 있다면 우선 합격입니다.

그런데 남성들은 어째서 잘 먹는 여자를 좋아하는 것일까요?

그것은 꽃잎 같은 여자들의 입술이 움직이기 시작한 순간, 남자들은 한편으로 생명력을 느끼고, 또 한편으로는 섹시함을 느끼기 때문입니다.

식욕이나 성욕은 확실히 인간의 자연스런 본능입니다.

이 점에 포인트를 두고 남자들이 여자를 의식하는 것도 이제 이해할 만하지 않습니까?

여성들도 마찬가지죠. 입이 짧은 남자가 음식을 끄적거리며 먹는 것보다는, 무엇이든지 잘 먹는 건강한 남자 쪽이 더 믿음직스러울 것입니다.

자기가 주문한 음식을 아무렇지도 않게 남기는 여자들을 보고 남자들이 어떤 생각을 할 것 같나요?

마음이 여리고 부드러운 남자라면 그 자리에서는 아무 말도 하지 않겠지만, 오히려 말을 하지 않는 것이 더 무섭습니다.

그들은 먹다 남은 접시의 음식을 보고 그 여자의 생활 태도를 짐작하고서 사랑할 기분이 싹 가시게 되는 겁니다. 모처럼 즐거웠어야 할 식사가 이렇게 되어 버리면 최악의 결과로 끝이 나게 됩니다.

여기서 남자의 눈이 얼마나 예민한가를 다시 한 번 재인식할 기회가 될 것입니다.

그러므로 남기지 않고 맛있게 먹는 것이 좋습니다.

또한 무엇보다도 상대방에 대한 배려와 즐거운 대화를 곁들일 줄 아는 매너가 매우 중요합니다.

웃는 얼굴 보이기

2백 명의 남성을 대상으로 설문 조사를 한 결과, 여성의 표정 중에서 가장 좋아하는 모습이 '웃는 얼굴'이라고 답했습니다.
여성의 상냥함은 '웃는 얼굴'에 나타나 있다는 의견이 많습니다.
'허니 페이스'라는 말을 유행시킨 영화 〈로마의 휴일〉의 오드리 헵번이 짓던 그 웃음. 그야말로 웃는 얼굴의 매력 바로 그것이었습니다.
"부럽다……."
이렇게 자기도 모르게 중얼거리는 사람도 있을 것입니다.
하지만 한숨까지 쉴 필요는 없습니다.
당신도 당신만의 개성적인 웃는 얼굴을 가지고 있으니까요.
자, 거울을 마주보고 상냥하게,
"안녕!"
하고 소리내어 보세요.
'거울'은 당신의 선생님이므로 결코 부끄러워할 필요는 없습니다.

그러는 가운데 가장 매력적인 웃음을 찾아냈으면 그것이 완벽하게 자기 것이 될 수 있을 때까지 몇 번이고 되풀이해 연습합니다.

그런 다음에는 직장이나 서클 모임에서 그것을 한번 시험해 보세요.

당신 특유의 웃는 얼굴은 남성들의 마음에도 다정하게 퍼져갈 테니까요.

설령 좋지 않은 일이 있어도 '불행을 짊어진 듯한 얼굴'만은 짓지 마세요. 앞의 앙케트에서도 이런 표정이 가장 보기 싫은 여자의 얼굴이라고 나와 있습니다.

아무리 아름다운 사람이라도 자기가 행복하지 않다고 생각하고 있으면 이상하게도 그러한 얼굴이 되어 버립니다.

그래서 남자들의 마음을 우울하게 만듭니다.

"다정하게 웃는 얼굴, 밝게 웃는 얼굴이 제일이야!"

한결같이 남성들은 이렇게 말하고 있습니다.

이같이 웃는 모습은 코가 높다든가 눈이 크다는 조건보다 훨씬 더 인기가 있습니다.

눈앞에 갖고 싶은 것이 있을 때의 웃는 얼굴, 뜻하지 않았던 선물을 받고 깜짝 놀란 다음에 보이는 웃는 얼굴.

남자의 가슴은 이러한 다정 다감하게 웃는 얼굴에 접했을 때 가장 두근거린다고 합니다.

'남자들이 연인으로 삼고 싶은 여자.'

그것은 바로 웃는 얼굴을 가진 여자입니다.

자신의 선택에 후회 안하기

여기 멋진 글을 하나 소개합니다.

소피, 당신은 풍부한 지성을 갖추었어요.
또한 똑똑하고 지혜로우면서도 교만하지 않는 여성이지요.
진정으로 제가 알고 있는 미혼 여성들 중에서는 가장 지적이라고 말할 수 있어요.
제가 이렇게 단정적으로 말해도 그것이 상식에 벗어난다거나, 지나치게 추상적이라거나, 무모한 얘기는 아닐 겁니다.
당신은 훌륭한 학문을 공부했어요. 게다가 더욱 매력적인 것은 당신이 많은 책을 읽었다는 점입니다.
당신은 저와 마찬가지로 발자크, 스탕달, 프로스트를 알고 있습니다.
그러나 이것만으로는 아직 부족하다고 생각할 당신이지요.
당신의 아름다움은 당신을 보는 모든 사람들의 마음을 사로잡습니다.

거기에다 당신은 키도 크고 날씬하다는 것과, 개성적인 캐릭터가 있다는 점을 덧붙여 두기로 하지요.

이런 점이 바로 당신으로 하여금 인생의 승부를 위한 좋은 조건이며, 확고한 승부수일 겁니다.

그렇지만 이와 같은 당신의 완벽함이 사실은 저를 두렵게 만드는 점이라고 말한다면 깜짝 놀라겠지요?

당신이 결혼하기로 마음을 굳혔다는 사실을 알고 있습니다.

당연히 여성으로서 지녀야 할 생각을 가지고 있으므로, 가정과 아이들을 원하지 않을 리 없습니다. 그러므로 지금은 훌륭한 남성을 택하는 것만이 문제겠지요.

바로 여기에 당신의 어려움이 있다고 봅니다.

당신은 틀림없이 어떤 남성의 마음이라도 완벽하게 사로잡으리라는 것은 분명합니다.

당신처럼 멋진 여성과의 결혼을 많은 젊은이들이 원하지요. 오히려 그들이 당신에게 걸맞은 남성인가가 문제지요.

당신은 여러 가지 조건을 생각할 것이며, 또한 당신에게는 그렇게 할 권리가 있습니다.

당신은 적어도 당신과 비슷하거나, 가능하다면 당신보다 나은 남성을 찾고 있겠지요.

왜냐 하면 여성이란 감탄과 존경이라는 분위기에서 더없는 기쁨을 발견하기 때문입니다.

이런 성향이 또한 구혼자의 범위를 한정하기도 합니다.

위대한 작가들의 책을 많이 읽는 당신 같은 사람은 인생과 사랑에 관해 스스로 흔들리지 않는 신념을 갖고 있습니다.

그런데 거기에서 얻은 신념이 아무리 진실처럼 보이더라도, 그것을 지나치게 신봉하면 안 된다고 충고하고 싶습니다.

'신념은 잿빛이지만, 인생의 나무는 푸르다.'

예를 들어 보겠습니다.

당신이 좋아하는 발자크의 《젊은 두 아내의 이야기》라는 책의 내용에서, 당신은 결혼에 대한 생각을 흡수했겠지요.

루이즈와 르네라는 두 여자가 이 소설의 주인공입니다.

루이즈는 열정적인 연애 결혼을 하고, 르네는 평범한 중매 결혼을 합니다.

이 소설의 내용을 살펴 보면, 루이즈는 사랑의 불꽃 속에 자신을 완전히 불태웁니다. 그런데 급기야 정열적인 관계에서 잇따르는 불안이 급습하여 남편을 죽이고, 이어서 본인조차도 죽게 됩니다.

발자크는 이렇게 담담히 쓰고 있지요.

'그들은 자신들의 능력 이상의 긴장된 삶을 살다가 죽어갔다.'

이와 반대로 중매 결혼을 한 르네는 아이들을 잘 기르며, 남편과 더불어 농장을 관리하면서 그 속에서 삶의 보람을 찾습니다.

사랑도 점점 싹터 갑니다.

매일매일 생활의 토양 위에서 연애 감정도 풍성하게 발전합니다. 젊은 두 사람 사이에서는 육체적인 사랑은 당연한 것이겠지요.

'이 한 방울의 액체를 마시면 그대는 모든 여성 속에서 헬레네(그리스 신화의 미녀. 제우스와 레다의 딸)를 발견하게 될 것이다.'

당신은 이렇게 끊임없이 낮은 목소리 — 때로 꿈꾸듯 황홀한 천사의 목소리가 날 때도 있지만 ― 의 달콤한 속삭임 속에서 행복을 발견합니다.

이와 같은 대조적인 두 인물을 당신이 좋아하는 소설 속에서 그리고 있습니다.

자, 이 소설이 결혼에 대한 당신의 가치관을 형성했다고 해도 틀린 말은 아니겠지요.

당신은 또 이렇게 생각할지도 모릅니다.

'나는 르네처럼 현명한 생각을 갖고 있어. 루이즈와 같은 뜨거운 정열은 조심해야지. 첫눈에 반한다는 사실을 결코 믿지 않겠어. 오히려 구혼자들을 침착하게 잘 살펴봐야지. 그리고 내 이성의 저울로 그들의 능력을 몰래 달아봐야지. 나는 미래의 아이들의 아버지로서 합당한지, 풍부한 정신을 갖추고, 나와 비슷한 수준의 교양을 지닌 착실한 반려자를 찾겠어. 나는 발자크의 충고에 따라 결혼해야지.'

대체로 이런 것이겠지요.

이 현명함은 실제로 당신에게 있어 인생을 보내는 데 큰 도움이 될 겁니다.

다만, 한 가지 조건이 있습니다.

그것은 이 현명한 판단에 지나치게 집착하는 것은 좋지 않다는 겁니다.

연애에 관해 여러 가지 생각을 갖는 건 도움을 줍니다.

그러나 아름다운 사랑이 싹텄을 때, 그 여러 가지의 생각을 잊기 쉽다는 것도 중요하다는 사실을 잊지 마세요.

배우자를 선택하려 할 때, 여성으로서 바랄 수밖에 없을 뿐만 아니라, 또한 아무리 해도 고쳐지지 않는 고집스런 신념이 있습니다.

마음이 착하고 다정하며, 다른 사람들을 이해하려고 애쓰며, 또 그들의 행위와 생각을 항상 긍정적으로 판단하려고 하는 남성이 가장 바람직하다고 생각하겠지요.

그러나 그렇지 않습니다.

유머 감각이 있고, 경우에 따라서는 자기 자신에게도 미소를 지을 수 있으며, 약간의 아이러니를 비극적으로 간주하지 않는 그런 남성이야말로 남편으로 가장 이상적입니다.

성실하고 용기가 있으며, 인내심이 강한 남성이야말로 바람직한 남편상입니다.

꿋꿋한 자세로 서서, 가정의 평화를 위한 일이라면 무슨 일이든 할 그런 남성이야말로 가장 훌륭한 남편이라고 할 수 있습니다.

이런 요소들이 가정에 행복을 만들어 주는 요소입니다.

또한 이것이 배우자를 선택할 때 당신의 판단에 큰 몫을 할 것이 틀림없습니다.

그러므로 이성이 사랑을 규제하는 것은 아닙니다. 이성적으로 내세우는 어떠한 이론도 '한눈에 반한 사랑'을 두둔해 주지는 않습니다.

사랑은 우연히 찾아오는 것입니다.

댄스·콘서트·연극·여행 등이 뜻밖으로 두 사람을 가깝게 맺어주고, 애정을 싹트게 하며, 뜨거운 정열을 꽃피우게 하는 계기가 됩니다.

섬세한 안목과 침착한 마음으로 그녀의 주위에 몰려 있는 젊은이들을 충분히 검토하던 어느 순간, 그들 중 한 사람이 그녀에게 진정 필요한 사람이라는 걸 깨닫는 때가 있습니다.
 그러나 그는 그녀가 바라던 이상의 남성이 아닙니다.
 아무것도 가진 것이 없습니다.
 그러나 그녀는 그를 사랑합니다.
 그것은 진실입니다.

 이러한 사실은 생각보다 견고하여, 그녀는 왜 그런지 알지도 못한 채 그와 결혼하고 맙니다.
 이런 일이, 당신이 독서에서 흡수한 인생에 관한 온갖 이론적인 지식에도 불구하고 바로 당신 자신에게 일어날지도 모릅니다.
 그리고 그것은 불행이 아닙니다.
 어느 날, 당신이 연애 결혼을 하고 싶다는 저항하기 힘든 욕망을 느낄 때, 만일 남자가 명예를 존중하지 않고 불성실한 데다 친절한 마음조차 없는 남성(이런 것들은 느낌으로 알 수 있는 것들입니다)만 아니라면 그와 결혼하는 것이 좋습니다.
 그런 후, 당신의 현명함으로 연애 결혼을 이상적인 결혼 생활로 바꾸어 나가는 겁니다.
 그 곳에야말로 당신의 구원이 있습니다.
 단지 육체적인 매력 위에 구축된 결혼이나, 어디고 한정된 상대의 태도에 끌려 하게 된 결혼은 오래 지속되지 않습니다.
 임신, 갓난아기의 울음소리, 게다가 세월이 흘러가면서 남편의 꿈 속에 당신의 사랑을 다시금 확인할 수 있는 기회가 오기도 합니다.
 만일 남편과 서로 믿는 깊은 우정으로 당신의 사랑을 옮겨 담을 수 없다면 그 때는 조심하세요.

당신은 특히 남편과의 사이에 공통의 직업이라는 탄탄한 줄을 맺을 수 있는 계기를 만드는 것이 좋습니다.

남성의 직업은 여성도 함께 나눌 수 있는 좋은 결실입니다.

발자크가 묘사한 르네의 남편은 토지를 경작하는 평범한 농부입니다. 그러나 의사나 상인 아내들의 경우는 대부분 남편과 함께 나눌 수 없는 경우입니다.

조력사로서의 교양이 있다면 작가나 교수의 아내가 되는 것도 좋겠지요. 비록 함께 작업할 수 없어도 아내는 가장 가까운 친구로서, 남편에게 영감을 부여하는 존재로서 커다란 역할을 담당할 수 있습니다.

모든 남성에게는 자기가 한 일을 곁에서 정확히 이해해 주는 사람이 필요합니다. 그것이 아내가 아니라면 다른 여성이 되겠지요.

그렇지만 당신에 관해서는 안심이 됩니다.

왜냐 하면 당신은 아무리 어려운 업무에도 통달할 수 있는 사람이라고 여겨지기 때문입니다.

연애 결혼을 당신 스스로의 힘으로 이상적인 결혼 생활로 바꾸어 보세요.

중매 결혼인 경우는 점차 연애 감정이 생겨나게 하는 것이 중요하겠지요.

대부분의 여성들이 인생의 가장 큰 난제라 생각하는 이 일에 끈기 있게 당신의 모든 것을 바쳐야 합니다.

남편을 선택할 때는 여유 있게 음미하고 기다릴 권리가 있습니다.

그러나 일단 결심했으면 당신이 참가한 이 승부를 끝까지 책임져야 합니다.

도중에 후회해서는 안 됩니다.

'좀더 좋은 사람을 선택할 수 있었던 것은 아닐까?'

하는 생각은 잊어버리는 것이 바람직합니다.

당신이 선택한 일에 최선을 다 하십시오.

어떻게 하는 것이 좋은가? 그럼 그 점에 관해서는 당신의 본능과 지성에 따라야 합니다.

조각가가 예리한 눈으로 진흙을 이리저리 주무르면서 작품을 빚어가듯이, 여성은 자신의 행복을 스스로 빚어가는 것입니다.

남성은 언제까지나 남성일 뿐이며, 여성은 언제까지나 여성일 뿐입니다.

연인 역시 마찬가지입니다.

아…… 소피, 당신은 어떤 행운의 카드를 뽑을까요?

가능하면 제가 당신의 상대가 되고 싶습니다.

Love Aphorism

옆에 없을 때에도 상대를 그리워하며, 그 사람이 자기 옆에 꼭 있어 주기를 바랄 때만이 정말 연애를 하고 있는 것이다.

- 아리스토텔레스 -

자신만의 매력으로 연인을 만드는 방법

'응석을 잘 부리는 여성', 정신적으로 자립한 여성만이 할 수 있는 테크닉 연애를 하면서 고착된 발상은 마이너스로 작용합니다. 동질성의 혐오와 매너리즘에 빠지지 않도록 조심합시다.

브랜드에 빠진 여자, NO 133
여성다운 매너로 사랑의 점수 따기 136
자기 어필 조절하기 139
타산적인 사랑, NO 141
사랑은 미지수, 연애는 자유형 143
매력을 끌게 하는 요령 146
연인의 두려움을 설렘으로 바꾸기 149
지켜주고 싶은 사랑 만들기 154
지나친 사랑에서 빗나간 질투 157
심술궂고 냉정한 결점 극복하기 160
연인과 헤어지는 이유 163
자신과 연인을 위해 금연하기 166

브랜드에 빠진 여자, NO

어느 남성 잡지에서 실시한 앙케트 조사에 의하면, 남성들이 가장 '결혼하기 싫은 여자'에 대한 설문에 '브랜드를 좋아하는 여자'를 꼽았습니다.

우선 외향적인 모습이 사치스럽고 돈이 많이 들 것 같은 여자는 낭비가 심할 것 같은 여자로 보이므로, 대부분의 남자들은 그런 여자를 싫어합니다.

그런데도 여성들은 그 점을 눈치채지 못하고 남성의 호기심을 끌기 위하여 브랜드 상품을 몸에 걸치거나 관심을 그쪽으로 보냅니다.

이러한 우둔함이 브랜드를 좋아하는 여성들에게 결혼할 기회를 앗아간다 해도 틀린 말은 아닙니다. 실로 심각한 문제가 아닐 수 없습니다.

현대를 살아가노라면 브랜드 상품을 하나쯤 갖고 있지 않은 여자는 없을 것입니다.

다만, 진정으로 그 가치를 알고 있는 여성이 얼마나 될까요? 아마도 그런 여성은 1퍼센트도 되지 않을 것입니다.

이를테면 그토록 막대한 수고와 시간을 들여서 만든 에르메스와 캐리(모두 수제품) 가방을 어깨에 걸칠 경우, 거기에 어울리는 옷과 신발과 보석 등이 필요합니다.

물론 돈을 저축하여 거기에 걸맞게 한 가지씩 갖추어 간다면 불가능한 일도 아니겠지요.

그러나 어째서 그처럼 돈과 시간을 낭비해야만 하는 브랜드 상품이라면 사족을 못 쓰는 것일까요? 이 점에 대해 진지하게 생각해 보세요.

대답은 하나입니다. 그것은 보다 더 멋진 여자로 보이고 싶어서겠지요.

하지만 그렇게 간단히 업그레이드된 여성으로 되기는 쉽지 않습니다. 많은 돈을 지불한 대가로 얻는 것은 실제로 형편 없거나 아무것도 없습니다.

그래서 남자들은 그러한 여자들을 '마음까지 황폐한 여자'로 볼 가능성이 많습니다.

왜일까요?

앞에서 말한 낭비가 심하거나 씀씀이가 헤프다는 사실도 여기에 포함될지 모릅니다.

그리고 세상에는 그러한 사소한 일에 신경을 쓰는 남자가 그리 흔치 않지요.

그렇다면 어째서?

그것은 바로 당신이 브랜드 상품에 마음을 추구하고 있기 때문입니다.

브랜드 상품을 갖고 있기 때문에 오히려 '좋은 여자'라는 여성 측의 의식마저 값싸게 실추됩니다.

'좋은 여자이니까 브랜드 상품을 갖고 있다.'

하고 받아들여졌으면 하는 바람이 여성들의 마음이겠지요.

자기에게 어울리는 하나의 브랜드 상품을 일반적으로 여성들은 평생 동안 애용하고 사용합니다. 하지만 그것이 샤넬에서 비통, 에르메스에서 구찌로 계속 바뀌어 간다면 그 동안 연인을 얻기란 결코 생각만큼 쉽지 않을 것입니다.

물건에 무조건 이끌릴 것이 아니라, '그 물건을 사용하는 매너'를 몸에 익히는 것이 먼저 풀어야 할 문제입니다.

그리고 자신의 내면도 갈고 닦지 않으면 안 됩니다.

하지만 그렇게 되기 위해서는 여러 가지 난관을 극복해야 하므로 여유 있는 마음으로 일어나 사랑에 대처할 수 있을 때까지 많은 시간이 필요합니다.

따라서 우선 이 시점에서 당신이 해야 할 일은 브랜드 상품에 이끌리고 있는 자기 자신을 객관적으로 보는 것입니다.

에르메스도, 샤넬의 상품도, 언제까지나 당신을 기다려 줍니다.

그리고 진실로 좋아하는 사람이 생겼을 때는 마음도 풍요로워지기 마련이라서 그런 최고의 조건 속에서 브랜드 상품도 진정 당신의 것이 될 수 있는 것입니다.

바로 이것이 감동적인 브랜드에의 접근 방법입니다.

이러한 마음가짐을 반드시 기억해야 합니다.

결론적으로 말하면 '내면을 갈고 닦는 여자'가 되는 것이야말로 사랑으로의 지름길인 것입니다.

여성다운 매너로 사랑의 점수 따기

매너가 좋지 않다면 아무리 매력적인 여성이라도 '사랑의 열매'는 기대할 수 없습니다.

그러나 이 매너를 지적해 주는 사람은 안타깝게도 그렇게 많지 않습니다.

먼저 식사 매너에 대해 이야기해 볼까요.

예를 들어, 핑거 볼(finger bowl)의 물을 무심결에 마셔 버렸다고 합시다.

이 경우, 일반적으로 주위 사람들은 얼굴을 찡그리기는 해도 못 본 체하고 지나갑니다.

어느 나라의 교양 있고 높으신 분은 손님이 잘못하여 핑거 볼의 물을 마시자, 손님을 안심시키기 위해 자기도 덩달아 마셨다는 얘기도 있습니다.

그렇지만 잘못된 매너는 순식간에 사랑을 식게 하기도 합니다.

담배의 경우를 살펴봅시다.

만약 식사 중에 한 손에는 포크, 한 손에는 담배가 들려 있다면 과연 보기 좋은 모습일까요?

요즘은 술집이나 식당에서 흔히 볼 수 있는 잘못된 매너입니다.

거기다가 팔꿈치를 의자의 팔걸이에 걸치고 피우는 여자들. 이런 모습만은 제발 피해야 합니다.

당신의 그런 모습을 보고 남자들은 곧바로 혐오감을 느끼면서도 겉으로 말로는 지적하지 않습니다. 더 이상 만나지 않으면 될 테니까요.

그리고 식사 중에 다리를 꼬거나 테이블 아래에서 양 다리를 쩍 벌리고 앉는 것은 아닌지?

아랫부분이 식탁보로 가려져 있다는 안도감에서 상반신에는 신경을 쓰면서도 정작 다리에 대해서는 별로 조심하지 않는 여성이 의외로 많이 볼 수 있습니다.

자신과 마주 앉은 곳에서는 보이지 않을지 몰라도, 다른 테이블에 앉아 있는 사람은 당신 다리를 발견하고 당신의 상대에게 동정어린 시선을 보내고 있다는 사실을 잊지 말아요.

이번에는 이와 반대의 예를 소개해 보겠습니다.

매너에 관한 책을 너무 많이 읽어서인지, 말하자면 '매너 과잉'의 여성입니다.

분명히 프랑스 요리와 한국 요리는 식사 매너가 다릅니다. 그러나 여기에 너무 구애되다 보면 자칫 촌스러워질 수도 있습니다.

가령 메뉴를 선택할 때 꼭 오트볼부터 시작해서 수프, 생선 요리, 고기 요리 순서대로 하지 않아도 된다는 말입니다. 호텔 피로연에 초대된 것도 아닌데 말이죠.

 내 몸의 상태를 고려해서 오트볼을 부탁했으면 수프를 건너뛰어도 괜찮다는 얘깁니다.

 마음이 편한 곳이라면 그 사람과 간단한 대화를 나누면서 요리를 나누어 먹는 여유도 갖도록 하세요.

 너무 빨리 먹거나 너무 늦게 먹어도 안 됩니다.

 즐거운 대화를 하면서, 허리는 반듯하게 펴고 상쾌한 기분으로 식사를 해야 합니다.

 그리고 얼굴을 접시에 접근시켜서는 안 되는데, 허리를 잔뜩 구부린 모습은 보기에도 딱합니다.

 테이블과의 거리는 주먹 하나 정도의 간격을 두고 앉으며, 허리를 쭉 뻗고 여유 있는 자세로 식사를 해야 합니다.

 이 정도만으로도 당신은 지성적으로 보입니다.

 매너가 가장 잘 눈에 띄는 식사 중의 자세야말로 사랑의 중요한 포인트라는 점을 잊지 말아야 합니다.

Love Aphorism

사랑은 그 왕국을 무기 없이 지배한다.

- 하버트 -

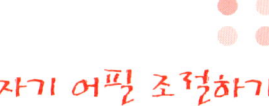

자기 어필 조절하기

　사랑이 이미 시작되었을 때는 상대방에 대해 한시라도 빨리 알고 싶고, 또 자기에 대해서도 알리고 싶어집니다. 그러한 기분은 누구라도 갖게 되는 자연스러운 현상입니다.

　불과 얼마 전까지만 해도 남자 쪽이 질문하면 여자 쪽은 얼굴을 붉히면서 수줍게 대답하는 광경을 흔히 볼 수 있었습니다.

　그런데 지금은 어떤가요?

　근래에 와서 여성과 남성의 입장이 뒤바뀌었다고 해도 과언이 아닙니다. 오히려 적극적으로 질문하는 쪽이 여성인 경우가 압도적으로 많은 것 같습니다.

　제아무리 여성이 지위가 높아지고 사회 경력이 풍부해졌다고 해도 남성의 본심은 달라지지 않았으므로 이런 타입의 여성은 그렇게 좋아하지 않습니다.

　한 마디로 이런 여성이 바로 '자기 어필이 강한 여자'입니다.

자기 어필을 한다는 것은 물론 당당한 모습이고 또한 중요하지요.

그렇지만 여기에서 가리키는 '자기 어필'이란 남성들이 싫어하는 타입의 태도를 말합니다. 다시 말해서 남자의 자존심을 태연히 짓밟는 행위이지요.

이런 경우, 말하고 있는 본인은 대개 그 사실을 의식하지 못하고 있기 일쑤입니다.

예컨대, 자기 자신은 모 일류 대학을 졸업한 것을 자랑스럽게 여기고 있는데, 반대로 남자는 세칭 2류 대학을 졸업했다고 가정합시다.

그녀는 그것을 알고 있는지 모르는지 대학 시절의 추억을 자랑스럽게 늘어놓습니다.

이쯤 되면 쉽사리 '싫어하는 여자'로 되어 버립니다.

남자를 배려하는 마음이 조금이라도 있었다면 이런 낙인이 찍히지 않았을 텐데 말이죠.

또 '나는 제멋대로예요'라든가, '나는 요리에는 전혀 소질이 없어요'라든가, 그런 것을 마치 자랑이나 하듯 떠벌리는 잘못된 자기 어필도 결코 아름답지 못합니다.

'제멋대로가 귀엽다'는 사고 방식은 이미 몇 세대 전의 수법입니다.

요리 또한 마찬가지입니다.

남자들은 겉으로는 이해한다는 듯 웃고 있을지 모르지만, 속으로는 실망하는 경우가 대부분입니다.

쓸데없는 '자기 어필'을 많이 해서 '싫은 여자'라는 딱지를 붙이기보다는, '자기 어필'의 참뜻을 헤아려서 멋진 사랑을 할 수 있는 여자가 되세요.

타산적인 사랑, NO

한때 '나를 미치게 사랑하는 그이'라는 말이 유행한 적이 있습니다. 타산적인 여자에게 매우 편리한 유행어이기도 했습니다.

이 말에는 '자신감에 넘치는 여자들이 남자를 자기 마음대로 휘두른다'는 뜻이 담겨 있는데, 과연 그랬을까요?

진정 자신감에 넘치는 여자라면 비위나 맞춰주는 남자들은 거들떠보지도 않겠지요. 오히려 자신감이 없기 때문에 그런 남자를 옆에 두는 것은 아닐까요?

더욱이 그 남자도 엉큼한 구석이 있어서 그런 당신에게 일부러 고분고분할 것입니다. 쉽게 말하면 여우와 너구리가 서로 속고 속이는 형태나 다름없는 셈이지요.

이런 처지에서 참된 사랑이 싹트기를 바라는 것은 지나친 무리입니다. 사랑이란 결코 타산적으로 잉태될 수는 없습니다.

만약 그런 당신임에도 불구하고 가까이 다가오는 남자가 있다면 그 남자는 '좋은 남자'와는 거리가 먼 사람이라고 생각해도 좋습니다.

왜냐 하면 '좋은 남자'는 결코 계산이라는 올가미에 걸려들지 않을 것이기 때문입니다.

그런데 만약 타산적인 당신에게 좋은 남자가 걸려들었다면, 그는 의식적으로 아무것도 모르는 척하는 제스처를 보일지도 모르지만, 그것은 당신이 스스로 매력적이라고 믿고 있는 그 자신감에 대한 배려일 뿐이며, 한편으로는 당신에게 상처를 주지 않으려는 조심스러운 매너라고 생각할 수도 있습니다.

주위에서 모두 탐내는 멋진 남자에게 전혀 어울리지 않는 연인이 있는 경우가 있어, '어떻게 저런!'하고 놀라는 사례를 흔히 봅니다. 그런 남자는 자만심에 빠진 매력적인 여자보다는 '남자를 상품으로 생각하지 않는 여자'를 평생 소중하게 생각하는 마음을 갖고 있는 것입니다.

타산적으로 사랑을 하는 사람은 반드시 그 대가를 받습니다.

그러한 사실을 가장 잘 알고 있는 사람은 어느 누구도 아니고 참된 사랑을 아는 매력적인 당신 자신이겠죠.

몸에 모조로 된 액세서리를 장식하기보다는 18K의 가느다란 목걸이일망정 만족할 줄 아는 마음가짐이 더 중요합니다.

Love Aphorism

연애란 자신이라는 외로움에서 탈출해야겠다는 욕망의 억제가 불가능한 욕구이다.

- 하버트 -

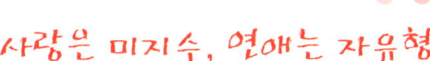

사랑은 미지수, 연애는 자유형

만나는 순간부터, 아니 만나기 전부터 사랑에 지나친 설렘을 갖고 꿈만 좇는 여자. 조금이라도 호감이 갈 만한 남성을 만나게 되면,

'이 사람이야말로 내가 찾던 사람이야.'

그러한 예감에 휩싸여 머리에서는 벌써 웨딩 드레스를 입은 자신의 모습을 상상합니다. 이것은 적령기의 여성에게서 흔히 볼 수 있는 현상입니다.

그러나 이런 현상이 현실적으로 잘 되어 가느냐 하면 그렇지 않은 경우가 거의 대부분입니다.

또, 아직 상대를 잘 모르는 상황에서 미리 연심을 부풀린다는 것은 매우 위험한 일이기도 합니다.

가벼운 만남에 불과한 사람을 스스로가 완벽한 상대로 추켜세웠으므로 꿈과 현실 사이에 괴리가 생길 경우, 가령 커피 한 잔 마시는 것조차도 마음에 들지 않으면 '아닌데, 이건 아니었어' 하는 소리가 꿈 많은 여인의 머릿속에서 울립니다.

그 순간 솜털처럼 부드럽던 남성이 딱딱한 벽돌로 변합니다.

그렇게 되면 비극은 당사자인 여성입니다. 왜냐 하면 아직 상대 남성에게는 멋진 요소가 많은데도 그것을 미처 찾아내기도 전에 모든 것을 정지해 버리기 때문입니다.

'아니야, 아니야' 하면서 자기 최면에 걸립니다.

그 결과, 진짜 사랑조차 놓쳐 버리고 맙니다.

사랑에 꿈 같은 계획을 세운다는 것은 큰 실수라는 사실을 잊지 말아야 합니다.

사랑은 미지수입니다.

상대방에 대한 새로운 발견에 호기심을 나타내고, 조그마한 흠을 보고는 서로 웃습니다.

그리고 하나씩 그를 이해해 가는 것, 이것이 사랑의 참된 즐거움입니다.

한 계단, 두 계단 올라갔다가 다시 내려가고, 다음에는 단숨에 다섯 계단이나 올라가서는 옆으로 빠지거나 오랫동안 걸음을 멈추기도 하고…….

그것은 오히려 가슴을 두근거리게 할 뿐만 아니라, 설렘을 갖게 합니다.

아직 사랑이 한 발자국도 진척되지 않았는데 '내 사랑은 바로 이거야' 하면서 자기 꿈부터 설계하는 여성은 사실 그렇게 매력적이지 못합니다.

연애를 하면서 고착된 발상은 마이너스로 작용합니다.

연애는 자유형입니다.
사랑을 성공으로 이끌어주는 것은 바로 이러한 자세입니다.
"좋아하는 타입은?"
하고 누군가 묻는다면,
"만나는 그 순간부터 좋아진 사람이 제가 그리는 타입입니다."
이보다 더 멋진 말은 없습니다.

●Love Aphorism

좋아하는 것이 사랑한다는 것은 아니다. 우리는 흔히 그렇게 생각한다. 조금 좋아해 놓고 사랑한다며 말해 버린다. 하지만 결코 좋아하는 것이 사랑일 수는 없다. 사랑한다는 말은 진실을 위해 아껴야 한다.

- 생텍쥐페리 -

매력을 끌게 하는 요령

매력 포인트로 '명랑함'을 내세우는 여성이 있습니다. 이런 사람은 남성에게나 여성에게나 인기가 있습니다.

그렇지만 친구라면 몰라도 '연인'이라면 얼마 못 가 남자들이 먼저 시들해집니다.

그녀 자신도 그런 사실을 충분히 알고 있습니다.

그러한 여자들이 갖고 있는 '명랑함'은 사랑에서도 매력 포인트 만점인데, 하지만 어째서 그런 여성에게는 연인이 생기지 않을까요?

그 이유에 대해 알아봅시다.

'명랑함'에는 두 가지 종류가 있습니다.

그 첫째는 천성적인 명랑함입니다.

이런 명랑함에는 무리가 없습니다. 즉, 대부분의 남성들이 바라는 명랑함입니다.

그렇지만 또 하나의 '명랑함'에는 의도적인 면이 보입니다.

자기 자신이 상처를 입지 않으려는 일종의 보안 장치라고 할 수 있습니다.

알기 쉽게 말하자면, 모두에게 호감을 주고 싶다는 계산된 의식이 앞선 명랑함이죠.

흔히들 말하는 '좋은 사람'의 유형이지만, 그 사람이야말로 당신을 불행하게 만들고 있습니다.

사랑이란 참으로 이상한 것이어서, 수수께끼 같은 부분이 많으면 많을수록 끌리기 마련입니다.

처음부터 '좋은 사람'보다는 묘한 어떤 버릇이 있는 여성에게 남성의 마음이 움직인다는 사실을 잊지 마세요. 다시 말해 남자의 마음은 그 수수께끼 같은 부분에 집중하여 쏠리게 됩니다.

이것이 사랑입니다.

하지만 '좋은 사람'은 유감스럽게도 몇 년이 흘러도 외톨이 신세를 면치 못합니다.

추리 소설을 머릿속에 한번 떠올려 보세요.

사건의 결과를 처음부터 알 수 있는 소설이라면 어느 누구도 읽고 싶은 생각이 들지 않습니다.

반대로, 독자들은 추리 소설의 엎치락뒤치락하는 스토리에 끌려갑니다. 책장 넘기는 속도도 빨라집니다.

남녀 관계도 그렇습니다.

더 이상 '좋은 사람'으로서, 즉 친구에 가까운 남자 관계로서는 그만두고 연인을 찾아야죠.

"좋은 사람이야."

라는 소리를 아무리 많이 듣는다 해도 그것이 곧 사랑으로 이어진다고는 할 수 없습니다.

행복이란 한 남자와 함께 동행해서 쌓아올리는 것입니다.

자, 그렇다면 지금부터 당신의 본래 모습을 조금씩 드러내 보이도록 해야죠?

그렇다고 '좋은 사람'에서 성급히 졸업하기 위해 만나자마자 '이것이 나예요'라고 얘기하는 것도 안 되겠지요.

조금씩조금씩 당신의 참모습을 드러내야 합니다, 추리 소설의 테크닉처럼 말예요.

'해답은 뒤로 돌리는 것.'

바로 이것이 매력을 끌게 하는 요령입니다.

Love Aphorism

남자들은 자기보다도 못 한 것을 사랑할 수가 있다. 보잘것없는 것, 더러운 것, 불명예스러운 것, 그런 것까지 사랑할 수 있다. 하지만 여자들은 사랑하고 있을 때는 그 사람을 존경하는 것이다. 만약 그 존경을 잃어버린다면 그녀들은 모든 것을 잃어버리고 마는 것이다.

- 와일드 -

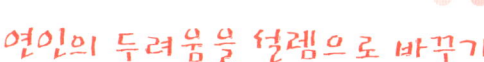

연인의 두려움을 설렘으로 바꾸기

어느 여성 잡지에서, 〈좋은 여자로 보이기 위해서는 어떻게 하면 좋은가?〉라는 제목으로 특집을 다룬 적이 있습니다.

맨 처음 든 예는 저혈압일 것.

그 뜻은, 말하자면 잠에서 깨어나자마자 먼지털이를 들고 온 집 안을 청소하느라 바쁜 여성은 안 된다는 겁니다.

침대 위에서 커튼을 열었을 때, 밝은 햇살에 감탄사를 표현하며 눈을 감을 수 있는 여자. 아침 신문을 읽는 데 30분, 커피를 끓여 마시는 데 30분을 들이는 여자가 바람직하다고 합니다.

그리고 운전에 능숙할 것.

남 앞에서 과식하지 말 것.

나이트 클럽에서 만난 남자가 같은 고향 사람인 사실을 알았더라도 너무 쉽게 마음을 열지 말 것.

연락이 잘 이루어지지 않을 것.

이 중 끝으로 든 예로 '연락이 잘 이루어지지 않는 여성'이란 대목이 매우 흥미로운 점입니다. 좋은 여자일수록 자동 응답 전화기를 효과적으로 사용하는 것 같습니다.

이와는 반대로, 예컨대 수요일 오후 4시 12분이라는 어중간한 시간에 전화를 걸어도 벨이 두 번 정도 울렸는데 즉시 받는 여성처럼, 전화를 하면 언제나 집에 있는 여자는 어떨까요?

역시 여자는 다소 신비스러운 편이 좋을 것 같습니다.

그런데 무엇보다도 화장을 지우면 얼굴이 영 딴판이 되는 일만은 사양해 주세요.

잠깐, 이 특집 속에서 잘 납득되지 않는 항목이 '저혈압인 여자' 입니다.

몸이 왠지 나른하게 보이는 여성이 남성의 마음을 설레이게 하지만, 막상 여성의 입장으로선 어떨까요?

여성 중에는 저혈압뿐 아니라 여러 종류의 증세로 여자의 연약함을 내세우며, 그것이 마치 자신의 섬세함을 나타내기라도 하는 듯 착각하고 있는 여성이 있습니다.

무거운 건 못 들어요.

달리는 게 힘들어요.

전기제품 사용을 잘 몰라요.

이내 두통이 나거나, 감기가 걸리거나, 눈이 핑그르 돕니다.

이런 증세들은 남자 입장에서 보면, 여자란 결국 어쩔 수 없는 약한 존재라고 생각하게 만드는 요인입니다.

그러므로 가능하면 삼가기 바랍니다. 그 이유는 잘 모르겠지만, 늘 흐릿한 하늘처럼 생기 없는 여자는 점차 남성들에게 싫증을 유발시킨다는 사실을 알아야 합니다. 물론 남자의 본능이 그렇게 시키는 것이겠지만.

건강한 아이를 낳아 기를 수 없는 여자는 무의식 중에 남자 쪽에서 고개를 돌리게 마련입니다.

아이 따위는 평생 만들지 않겠다든가, 여자의 엉덩이는 작고 쪽 올라간 편이 좋다고 말하는 남자들도 실제 속마음을 보면 예외가 아니라는 점도 알아두세요.

남자를 너무 두렵게 해서는 안 됩니다.

여자에 대한 공포심이 쌓여가면 남자는 점차 도망치고 싶어합니다.

설마 하고 의아심을 갖겠지만 이것은 사실입니다.

그럼 도대체 남자는 여자의 어떠한 점을 무서워할까요?

'상대가 보지 않는 상황이라고 가차없이 적의를 드러내는 여성.'

평소 쌓이고 쌓인 울분을 엉뚱한 곳에 폭발시키는 여성의 모습은 결코 보기 좋은 게 아닙니다.

TV에 나온, 마음에 들지 않는 탤런트를 향해 욕지거리를 하거나, 백화점 점원의 태도가 나쁘다고 전화로 미친 듯이 항의하는 여자.

더 한층 두려운 건 한참 차를 운전하고 있으면서, 그 때까지 즐겁게 이야기를 나누고 있는 도중에 갑자기 옆으로 끼어든 차에 대고,

"에잇! 뭐 저런 나쁜 사람이 있어!"

하고 벌컥 화를 내 버리는 경우,

"어머, 나도 모르게 화를 냈군요. 에, 그래서 어떻게 됐죠?"
서둘러 말을 걸어도 상대는 당황할 뿐입니다.
남자는 이런 때 여자와 함께 같이 화를 내면서도 속으로는,
'아니, 뭐 이런 여자가 있나.'
하고 실망한다는 것을 모르시나요.

회사 일이 끝난 후, 그 자리에 없는 사람을 안주로 해서 술을 마신다는 비즈니스맨이 꽤 많은 것 같은데, 이것은 일시적인 스트레스 해소는 되어도 긴 안목으로 보면 결코 좋은 일이 아닙니다.
자신이 비록 싫어하는 사람이 도마 위에 올라 한창 난도질당하고 있다 해도, 신이 나서 말이 나오는 대로 지껄이는 사람을 보면 그다지 좋은 기분은 되지 않습니다.
이것은 그렇게 생각하는 것으로 자신이 그보다는 좋은 사람인 척하는 것일지도 모르고, 또한 자신도 어딘가에서 이런 식으로 도마 위에 올라가 있을지 모른다는 사실에 공포감을 느낀 무의식적 행동일지도 모릅니다.
어쨌든 험담이란 남을 상처 입히면서 동시에 자신에게도 상처를 입히는 결과를 낳게 됩니다.
'여성은 그래도 약간은 괜찮잖아요.'
이 생각 역시 매우 위험한 생각입니다
적어도 자신이 좋아하는 여자만큼은 이러지 않았으면 하는 바람을 남자라면 모두 무의식 중에 갖고 있습니다.
그런데 문제는, 이성의 험담을 하는 것은 그래도 이해할 수 있으나,

괴로운 것은 동성에 대한 험담이 시작됐을 때입니다.

이런 경우, 질투심이 섞여 있는 게 대부분입니다.

상대를 깎아내림으로써 자신과 동등하거나, 어쩌면 자신이 우월하다는 것을 보이기 위해서 이야기의 내용은 졸렬해지기가 쉽습니다.

그 모습을 남자들은 곁눈질로 보며, 담배 연기와 함께 천천히 긴 한숨을 내쉰다는 사실을 어떻게 설명해야 할까요?

Love Aphorism

증오라는 것이 사랑에 의해 완전히 정복되면 사랑으로 바뀐다. 따라서 그와 같은 사랑은 증오에 의해 선행되지 않았던 어떤 사랑보다도 훨씬 위대한 것이다.

- 스피노자 -

지켜주고 싶은 사랑 만들기

과거와 달리, 자녀의 수가 급격하게 줄어든 탓인지 오늘날은 '과잉 보호형' 엄마가 늘어나고 있는 추세입니다.

그래서 이러한 엄마와 딸은 그 사이가 마치 친자매처럼 다정합니다. 그 결과, 딸들의 정신적인 자립은 극도로 속도가 늦습니다.

여자 친구들과 어울리는 게 마음 편해서 그렇게 하다 보니 '연인을 얻지 못하는 현상'을 만든 것과 같은 싱글족의 형태가 바로 이런 모녀 관계에서도 일어납니다.

더욱이 친구를 배신하는 일이 있어도 어머니는 딸을 절대로 배신하지 않는다는 독특한 특성도 있습니다.

그래서 딸은 더욱 어머니를 의지하게 됩니다.

그러나 이런 응석을 남자들은 싫어한다는 사실을 잊으면 안 됩니다.

본인으로서는 일상적인 일이어서 느끼지 못하지만 어떤 경우라도,

"엄마가."

또는,

"아빠가."

"언니가."

모든 대화를 가족의 틀 안에서 빙글빙글 돌리고 있는 당신이라면 어떨까요?

이런 말을 하고 있는 당사자는 잘 느끼지 못하겠지만, 너무 자주 듣게 되면 주위 사람들부터 혐오감을 사게 됩니다.

처음에는 그 사람도 잠자코 듣고 있겠지요.

진심을 모르는 상태에서는 '가족에 대한 사랑이 정말 끔찍하구나'하고 호감을 가질지도 모릅니다.

그렇지만 남자란 '자기가 가장 의지가 될 수 있는 존재'라는 의식을 강하게 갖고 있습니다.

'내가 지켜주고 싶다.'

이런 마음을 남성이 갖게 된다면 사랑의 성공 확률은 더욱 높아집니다. 그러므로 이런 시기에 엄마나 가족이 끼어든다면,

'이 여자는 내게 적합하지 않아.'

이렇게 생각하여 포기해 버립니다.

흔히 말하는 '응석이 많은 여자'는 오히려 이러한 남성 심리를 잘 파악하여 '지켜주고 싶다'는 마음이 들게 하는 테크닉을 잘 알고 있습니다.

그러나 의존심이 많은 타입에 대해서는 남자들이 마음을 관대하게 열지 않는 경우가 많습니다.

흔히 '피는 물보다 진하다'고 하는데, 이것이 사랑에 있어서는 매우

불리한 조건입니다.

　가족과 함께 있고, 편안한 마음에 길들여진 여자는 연인을 만들지 못하는 경우가 많습니다. 이를테면 커다란 함정인 셈입니다.

　가령 연인이 생겼더라도 부모를 생각하는 마음이 너무 강해서 연인과의 약속보다 어머니의 말에 따릅니다.

　이런 점이, 조금만 언짢은 일이 생겨도 그것을 참지 못하고 부리나케 집으로 돌아가는 타입입니다. 그 결과는 사랑을 놓치는 일밖에 없습니다.

　물론 가족간의 유대는 매우 중요합니다.

　그렇지만 스무 살을 넘어섰으면 자립할 수 있어야 합니다.

　자매 같은 모녀 관계는 확실히 멋진 일이지만, 반면에 남성에게는 인기가 없습니다.

　앞에서도 지적했지만, 사랑에 있어서 중요한 '응석을 잘 부리는 여성'은 정신적으로 자립한 사람만이 할 수 있는 테크닉입니다.

　따라서 가족과도 어느 정도 거리를 두고서도 좋은 관계를 유지하는 것이, 남자의 마음을 자신에게 더욱 가까이 끌어들이는 방법입니다.

Love Aphorism

　이 세상에서 가장 큰 차이는 사랑의 기쁨을 맛보았거나 현재 맛보고 있는 사람과, 사랑의 기쁨을 현재 맛보지 않거나 과거에도 맛보지 않아 남들의 사랑을 지켜보는 것이다.

- 윌리엄스 -

지나친 사랑에서 빗나간 질투

'진짜 그이가 나를 사랑하는지 모르겠어.'

사랑을 하고 있는 여자들은 항상 이러한 불안을 안고 있습니다.

데이트할 때 상대 남자가 지나가는 여자에게 시선을 던지기만 해도 가슴이 쿵!

별 생각 없이 과거 여자 친구 얘기만 꺼내도 또 가슴이 쿵!

전화를 아무리 걸어도 계속 통화 중이면 틀림없이 딴 여자와 통화하고 있다고 상상하여 가슴이 쿵!

질투. 바로 여자에게 가장 문제가 되는 것이 이 질투입니다. 물론 남자의 마음을 자극시킨다는 애교적인 특징도 분명 있습니다.

그러나 너무 도가 지나쳐서 무언가 찾아내려 하고, 근거 없는 결론을 내린 결과, 빗나간 질투가 솜사탕처럼 부풀어오르고 폭발하면, 종국에는 나쁜 결과를 불러오고 맙니다.

좋은 쪽으로 해석하면 여자의 외곬적인 사랑이라고도 하겠지만, 남자가 보기에는 '질투심이 강한 여자'라는 의미 심장한 말 한 마디로 끝납니다.

이런 여자는 사랑에 대해 집착을 하며, 남자에게 쉽게 차이기만 합니다.

사랑이 너무 깊어서 질투심을 일으키겠지만, 그 결과는 괴로움만 있을 뿐입니다.

그런데 질투의 원인을 잘 생각해 보면 가장 가까운 장소에서 그 해답을 만나게 됩니다. 그것은 '사랑에 자신이 없는' 자기의 문제일 수 있습니다.

또 상대를 잘 볼 수 없을 정도로 빠져든 상태에서 항상 두 눈에 힘을 주고 보지 않으면 놓쳐 버리는 것이 아닐까 하는 두려움의 결과입니다. 다른 여자의 그림자에 겁을 먹는 것도 그런 자신 없는 태도에서 오는 것입니다.

그러나 불행하게도 사랑에 지나치게 충실한 탓으로 이런 타입의 여성은 사랑이 거의 실패로 끝납니다. 열심히 필사적으로 노력했건만, 결국 남성에게서 버림받고 맙니다.

이보다 더 슬픈 이야기는 없습니다.

지금부터라도 더 이상 이런 비참한 여자는 되지 말아야지요.

결론은, 사랑하는 남자가 다른 여자에게 잠시 한눈을 팔았다고 해서 발버둥쳐서는 안 됩니다.

이럴 때 시선을 조금만 돌려보면 뜻밖에 자기 자신의 참모습을 볼 수 있습니다. 즉, 자기가 어째서 그처럼 지나치게 사랑에 빠져 있는가를 생각할 기회가 되는 것입니다.

그것은 항상 자기가 그의 첫번째가 아니면 안 된다는, 즉 당신의 자존심이 용납하지 못하기 때문입니다.

또한 당신의 눈은 그를 계속 지켜보는 것이 아니라, 그를 통하여 자기의 자존심을 지키려는 몸부림인 것입니다.

한 마디로 이것은 자신이 없는 에고이스트적 사랑입니다.

이러한 경향은 자신이 없는 사람일수록 강하기 마련입니다.

"한두 사람쯤 여자 친구가 있더라도 상관없어."

자, 이렇게 한번 크게 말해 보세요.

이러한 여유야말로 자신을 지키려는 당신에게 가장 필요합니다.

Love Aphorism

인간적인 사랑의 최고 목적은 종교적인 사랑과 마찬가지로 사랑하는 사람과 함께 하나가 되는 것이다.

- 보부아르 -

심술궂고 냉정한 결점 극복하기

예부터 전해 오기를 '겉모습은 보살 같고 마음은 두억시니(성질이 사나운 인도의 귀신) 같다'는 말이 있습니다.

겉모습을 보면 따뜻한 보살같이 보이지만, 마음 속은 말하자면 성품이 모진 사람이란 의미입니다.

남자든 여자든 심술 사납고 냉정한 성격을 가진 사람이 남으로부터 사랑을 받을 리가 없습니다.

그러나 겉으로 보기에는 상대가 실제 그런 사람인지 아닌지 파악하기 어렵지요.

대체로 여자는 겉보기에는 상냥하고 아름다워 보이지만, 마음은 심술궂고 차갑다는 것이 보편적인 생각들입니다.

그런데 여자에 비하면 남자의 심술궂음이나 차가움은 매우 단순해서 그대로 표면으로 드러나는 경우가 많습니다.

어린아이들 사이에서 남자 아이 중에 '짓궂은 아이'는 겉으로 보아도 금방 알아볼 수 있습니다. 그렇지만 여자 아이의 경우는 겉으로 드러나지 않는 수가 많습니다.

인기 있던 여배우가 서른 살이 넘어 재벌 2세와 결혼했는데, TV를 통해 그 피로연 장면이 방영된 적이 있습니다.

유명 연애인들이 기쁨에 넘치는 신부에게 잇달아 축하의 메시지를 전했지요.

그 때 피로연에 참석했던 어느 여배우가 이렇게 말했습니다.

"그녀는 어지간히 기뻤나 봐요. 잇몸까지 드러내며 웃고 있는 모습을 처음 보았어요."

입을 크게 벌리고 웃으면 잇몸이 선명하게 드러나는 사람이 있습니다. 이것은 추하게 보여 아름다움을 손상시키기 때문인데, 특히 여자들은 웃을 때 잇몸을 드러내지 않도록 주의하는 것이 좋습니다.

기쁜 나머지 신부는 무심결에 그만 이러한 '계명'을 잊어버렸나 봅니다.

그런데 그런 행동을 지적한 여배우는 후배의 그런 해이해진 순간을 놓치지 않았던 것입니다.

그 여배우는 악의를 갖고 얘기한 것은 아니며, 단지 아무렇지도 않은 우스갯소리를 한 것일지도 모릅니다.

하지만 주변에 있던 사람들은 그녀의 말 속에 날카로운 가시가 숨겨져 있다고 느낍니다.

'여자는 길에서 스쳐 지나가는 상대라도 잠깐 사이에 관찰해서 이러쿵저러쿵 비판하거나 자신과 비교한다.'

여기서 주의해야 할 점은, 그것이 비록 여자의 습성이라 해도 노골적으로 모든 사람 앞에서 알릴 필요는 없습니다.

그 때까지 그 여배우에게 호의를 가지고 있던 사람들이 그 후 오히려 그녀를 매우 싫어하게 되었을 수도 있습니다.

사납고 쌀쌀맞은 성격은 천성이거나 성장 과정이 불행하여 삐딱해져서 그렇게 된 경우도 있을 것입니다. 어쨌든 이런 여성이 좀처럼 다른 사람으로부터 사랑받기 어려운 건 당연한 일입니다.

하지만 여자가 대단한 미인인 경우 접근해 오는 남자도 적지 않겠지요. 그러나 그녀의 그러한 심술궂은 면을 적나라하게 보게 된다면 순식간에 그녀에 대한 흥미도 사라져 버릴 것이 틀림없습니다.

남자는 여자의 이런 면에 관해 결코 관대하지 않습니다.

당신도 정말로 자신이 이러한 여성 특유의 심술 사납고 냉정한 면이 있는지 가끔 생각해 볼 필요가 있습니다.

만약 그렇다면 그 결점을 극복해 나가야 합니다.

Love Aphorism

연정(戀情)이란 종족 보존을 위해 자연이 우리에게 마련한 비정한 음모이다.

- 몸 -

연인과 헤어지는 이유

갑자기 매우 사이가 좋았던 연인이 헤어졌습니다.

겉보기에는 두 사람은 매우 잘 어울리는 커플이어서, 대부분의 주위 사람들은 실제로 두 사이가 이렇듯 악화되어 있다는 사실을 모르고 있었습니다.

두 사람은 함께 맛있는 식사를 하고, 스포츠를 즐기며, 동물과 식물을 사랑하면서, 정말 행복한 듯이 사랑을 나누고 있었습니다.

그래서 결혼하여 반드시 행복하게 살 것이라고 믿었습니다.

여자는 남자에 대해 어느만큼 이해하고 있는 듯이 보였고, 남자 역시 여자를 자기 품 속에서 자유롭게 뛰놀 수 있게 하면서 어른스러운 여성으로 성장해 가는 것을 즐거워하는 듯했습니다.

또한 남자는 두 사람의 감성이 비슷한 것이 대단히 기쁘다고 말했습니다.

여자 또한 남자를 존경했기 때문에, 그 이상으로 두 사람의 사고 방식이 같다는 사실을 기쁘게 여기고 있었지요.

그런 연인에게 느닷없이 위기가 닥쳤습니다.

여기서 느닷없다는 말은 적합한 표현이 아니고, 단지 전부터 느끼고 있던 마음의 통증이 분명한 윤곽을 드러냈다고 하는 표현이 옳겠지요.

적나라한 남자의 한 마디,

"뭐를 보나 나와 같은 감성을 가진 그녀이지만 어딘가 부족함을 느껴."

자신이 만들어 낸 여성에게 남자는 자극을 느낄 수 없게 된 건지도 모릅니다.

계속해서 위로 올라가려는 욕구가 강한 남자는 더욱 자신을 상승시키기 위해 새로운 환경이 필요했던 것입니다.

이윽고 남자는 자신이 머릿속에 그리고 있던 자기 모습에 접근하기 위해 여자와 헤어질 것을 결심했습니다.

남겨진 여자는 그가 생각하고 있는 것이 무언지 잘 알 수 있었기 때문에 깊은 슬픔 속에서 인정을 할 수밖에 없었습니다.

어쩌면 자신의 부족함을 정확히 스스로 깨닫고 있던 그녀는 언젠가 닥쳐올지 모를 이 날을 예감하고 있었는지도 모릅니다.

당신이 과거에 사귀었던 남성이, 만약 당신과 생각을 같이하는 사람이고, 또 과거에 한 번 정도 '두 사람은 닮았네요'라는 말을 들었다면 이별의 원인은 바로 그 점에 있을지 모릅니다.

대다수의 남자들은 오랫동안 한 곳에 머무르는 걸 좋아하지 않습니다. 그것이 여자와의 차이점입니다. 그리고 남성의 대부분은 자신의 업무 실패나 인생의 슬럼프의 원인을 가정 환경 또는 주위 사람들 속에서 찾아내려 하는데도 그 한 원인이 있습니다.

　가족을 버리고 느닷없이 집을 나간 아버지, 글을 쓸 수 없는 여건이 되어 시골로 달아난 소설가, 이 여자 저 여자 전전하면서 자기 자신의 새로운 변혁을 꾀하려는 예술가 등등.

　강한 남자도, 약한 남자도, 남자는 자신이 남자라는 사실에 괴로워하는 것입니다.

　"난 그가 무엇을 생각하고 있는지 잘 알아요."

　이런 말을 아무렇지도 않게 쉽게 말할 수 있다면 조심하는 것이 좋습니다.

　동질성에 대한 혐오와 매너리즘에 빠지지 않도록 조심해야 합니다.

 Love Aphorism

연애의 고통은 다른 어떠한 즐거움보다 달콤하다.

- 드라이든 -

part4 자신만의 매력으로 연인을 만드는 방법

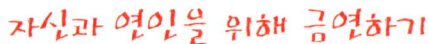

자신과 연인을 위해 금연하기

일반적으로 남자는 담배를 피우는 여자보다 피우지 않는 여자를 좋아한다고 합니다.

어떤 한 여성이 결혼했습니다.
그녀가 선택한 상대는 중학 시절의 동창생이었습니다.
그렇지만 고교·대학은 따로 다녔기 때문에, 그 동안에는 연인 사이가 아니었지요.
사회에 진출하여 취직해서 3년쯤 지난 무렵, 우연히 거리에서 다시 만난 것이 사랑을 싹트게 하는 계기가 되었습니다. 그리고 그로부터 반 년 후 식을 올리는 초스피드 결혼을 한 것이었습니다.
양가의 대면을 비롯해 식장 예약 등 약혼과 결혼 준비에 쫓기는 6개월 간은 싸움다운 싸움 한번 해 보지 못할 정도로 바쁘게 보냈습니다. 그렇게 해서 두 사람은 순조롭게 부부가 되었지요.

그런데 신혼 생활이 시작되고 1주일째 되는 날, 첫번째 맞는 휴일에 첫 싸움을 했습니다.

원인은 그녀가 피운 담배 때문이었습니다.

그녀는 교제하고 있던 6개월 동안 가끔 그의 앞에서 담배를 피우는 일이 있었습니다.

그러나 그는 그런 그녀를 보고도 아무 말도 하지 않았습니다. 그런데 그가 프로포즈를 하고 그것을 그녀가 받아들였을 때부터였습니다.

"나는 자기한테서 건강한 아기가 태어나기를 원해. 그러니 당신이 가끔 피우고 있는 담배를 끊을 수 없겠어?"

여자는 담배가 없으면 초조해서 정신적으로 안정되지 않을 만큼 심한 담배 중독자는 아니었습니다.

피우지 않는 날이 더 많았기 때문에 남편의 이 제안을 가벼운 마음으로 받아들였습니다.

그리고 그 약속은 잊지 않고 있었는데, 첫번째 휴일에 가벼운 마음으로 담배에 불을 붙인 게 문제였습니다.

집 근처에 나갔던 그는 돌아오자마자 부엌에서 담배를 피우고 있던 그녀의 모습을 발견하고 그만 격분했습니다.

"겨우 한 개비, 그것도 일부러 산 것도 아니고 자기가 피우던 게 테이블 위에 있어서 나도 모르게 피운 거라고요."

그리고 담배를 피운 사실 하나로 하루 종일 설교를 들어야만 했지요.

'내가 담배 한 개비 때문에 이렇게까지 질책받아야 하나?'

마침내 여자는 흐느껴 울었습니다.

"담배를 피우든 말든 그것은 당신의 자유니까. 나의 권한 밖이니까

관여하지 않겠어."

　남자들 중에는 이렇게 말하는 사람이 많습니다.

　하지만 그 여자가 자기 연인이나 아내가 되었을 때에는 곧바로 태도가 달라집니다.

　"담배 끊어!"

　자기와 관계 없는 여자는 피워도 상관 없습니다. 그러나 일단 그녀가 자신의 범주에 들어온 순간부터 그 너그러웠던 마음은 그림자도 없이 사라집니다.

　만약 그것이 본심이라면 남자 쪽이 금연하면 되지 않나요?

　담배는 들이마시는 연기보다 입으로 나오는 연기가 더 나쁩니다.

　그런데 그렇게 강요하는 남자일수록 본인은 정작 아무렇지도 않게 담배를 피우는 예가 많습니다.

　무엇보다도 대부분의 남자들이 여자 쪽에서 담배를 피우지 않기를 원하는 것은 그녀의 건강을 걱정해서가 아닙니다. 단지 담배 피우는 모습을 보고 싶지 않는 것이지요. 즉, 여자가 담배 피우는 모습이 싫은 것뿐입니다.

Love Aphorism

　연애를 할 때 분별력을 가지고 도리에 어긋나지 않게 한다는 것은 거의 불가능한 일이다.

- 베이컨 -

part 5

사랑받는 여자가 되기 위한 방법

자기의 감정을 컨트롤할 수 있고 청결함을 느끼게 하는 여성. 지나친 사랑은 피곤합니다. '얼굴만 예쁜 여자'는 필요 없답니다. 당신의 오만함이 매력을 반감시킵니다.

"사랑해"라는 고백 받아내기 171
남성들이 혐오하는 타입에서 벗어나기 174
따스한 가슴으로 안아주기 177
예쁜 여자보다는 히트 미인 179
사랑으로 예뻐지기 182
애매한 대답을 들을 때는 냉정하게 187
타산적인 사랑에서 벗어나기 190
'진짜 연인' 가려내기 193
이상형 연인 찾기 195
우유부단한 남성 쫓아내기 198

"사랑해"라는 고백 받아내기

'사랑해'라고 남자자 먼저 말해 주면 좋겠지만, 그렇지 않을 때는 무척 우울합니다. 하지만 그런 때는 '사랑해요'라는 의사 표시를 당신 쪽에서 먼저 나타내 보세요.

남자들에게는 여자들이 모르는 프라이드가 있습니다.

만일, 당신이 모처럼 용기를 내어 '사랑해요'라고 말했는 데도 '나는 별로 사랑하지 않는걸'하는 반응이 나왔다면, 그 남자의 마음은 결코 당신에게 돌아서지 않는다고 보면 틀림없습니다.

남자란 그 정도로 소심한 동물입니다.

더욱이 '사랑해'라는 감정과는 반대로, '너 같은 여자는 별로 좋아하지 않아'하는 식의 거짓 태도마저 취합니다. 그래서 먼저 여자 쪽에서 '사랑해요'라는 고백이 나오는 처지가 된 것입니다.

남성들은 예전이나 지금이나 별로 달라지지 않았으나, 여성들은 아주 몰라보게 적극적으로 되었습니다. 그런 이유 때문인지 남자들은 더욱 그런 말을 못 하는 것 같습니다.

그러면 그럴수록 거꾸로 여자의 마음은 불안해져서 결국,

"저는 당신을 사랑하는데, 당신도 저를 사랑하나요?"

이런 말로써 거듭 사랑을 확인하고 싶어합니다.

남자는 그럴 때마다 애매한 웃음만 흘릴 뿐이고, 그러면 여자는 더욱더 불안해져서 몇 번이고 '사랑해요'라는 말을 되풀이하는 딱한 실정입니다.

이것이 바로 문제입니다. 왜냐 하면 남자는 이런 여자의 집요함을 싫어하기 때문이죠. 참으로 안타까운 일이지요.

그러므로 이런 결과가 되지 않도록 남성의 심리를 조금이라도 알아두는 게 좋습니다.

사실 파고들어가 보면 결코 '사랑해'라는 말을 하지 않는 남자일수록 누구보다도 그 말을 하고 싶어합니다.

이 점을 바로 명심하고, 결코 초조해하지 말고 요령을 터득하세요.

이를테면 당신 쪽에서는 태도만으로써 사랑을 암시하고, 언젠가 남자 편에서 말할 수 있는 기회를 유도해 보세요.

그 점에 대해서는 대개의 남자들은 솔직하지 못합니다.

"당신을 사랑해!"

일단 이렇게 당신이 먼저 고백을 하고 나면 평생을 잊지 못할 정도로 가슴에 새기는 것이 또한 남자들의 특징입니다.

당신은 그런 기회가 올 때까지 뜨거운 눈빛만으로 사랑한다는 메시지를 계속 전하세요.

눈은 입 못지않게 의사를 잘 전달할 수 있는 수단입니다.

그러한 시선을 받으면서 그는 언젠가는 반드시 당신을 사랑한다는 말을 하게 될 겁니다.

여기서 초조는 절대 금물입니다.

Love Aphorism

사랑은 화살처럼 빨리 지나가는 것처럼 보인다. 그렇지만 그 사랑을 성장시키는 데는 시간이 무엇보다 필요하다. 어떤 남자와 여자도 그들이 결혼해서 반세기가 지나기 전까지는 완벽한 사랑이 무엇인지 말할 수 없다.

- 트웨인 -

남성들이 혐오하는 타입에서 벗어나기

대다수의 남성들이 가장 혐오하는 여성을 다섯 가지 타입으로 나누어 볼 수 있습니다.

그 첫번째가 바로 집요한 여자입니다.

얼굴이 아무리 예쁘더라도 너무 집요하게 꽁무니를 졸졸 따라다니면 남자들은 곧 도망치고 싶어집니다.

그러므로 얼굴이 별반 예쁘지 않더라도 그의 주변에서 은근히 지켜보며 따스한 눈길을 계속 보내면 남자들은 대개 마음이 끌리게 됩니다.

두 번째는 남의 험담을 잘 하는 여자입니다.

이를테면 동료에 대해 욕을 하거나, 타인에 대한 결점을 찾아내어서는 험담을 늘어놓습니다.

이런 행동은, 그렇게 말하고 있는 본인은 잘 느끼지 못하지만, 듣고 있는 남자는 마음 속으로 이런 여자는 안 되겠다고 결심하게 됩니다.

그 순간, 당신에 대한 아름다운 이미지는 바람처럼 사라져 버리는 것입니다. 인기 있는 여자는 결코 남의 험담 따위는 하지 않습니다. 즉, 순수한 마음으로 상대방에 대해 장점을 칭찬합니다. 그런 여자는 얼굴도 밝습니다. 성격이 얼굴 표정까지도 부드럽게 해서, 결코 뚜렷한 미인은 아닐지라도 남자의 마음을 끄는 매력이 있습니다.

세 번째는 히스테릭한 여자입니다.

이런 여성은 대개의 남자들이 달아나지 않을 수 없겠지요.

남자들은 이런 여성이 가벼운 투정 정도로 끝날 때는 귀엽게 봐줄 수도 있지만, 정색으로 하는 말이 가슴을 찌르는 순간, 자기 자신들도 그 히스테리를 억제할 수 없게 됩니다.

이야기가 어쩌다 엉뚱한 방향으로 진전되면 이런 여자는 남자의 자존심을 손상시키는 말까지 서슴지 않고 뱉어 버리기도 합니다. 말하고 있는 본인은 흥분한 나머지 그것을 당장 의식하지 못하고 있는데, 나중에 후회해도 소용이 없습니다. 특히 여성에게는 생리 전의 불안이나 초조감은 역병 같은 존재입니다.

"나는 이 세상에서 가장 불행한 여자예요."

하면서 눈물을 흘리거나, 또는 다른 사람과 말다툼을 하거나, 정서불안이 됩니다. 이 시기에는 평소의 몇 십 배나 더 행동에 조심해야 합니다.

네 번째는 잘 우는 여자입니다.

별일도 아닌데 곧 주눅이 듭니다. 이런 타입은, 처음에는 남자의 마음을 자극할지도 모르지만, 그것도 두세 번에 불과할 따름인데도 대다수의 남자들은 반드시 싫증을 느끼게 됩니다.

'여자의 눈물은 무기'라고 하는 것은 오늘날에는 아주 먼 옛이야기일 뿐입니다. 아마도 여자의 등에 '인내'라는 글자가 붙어다닐 무렵의 이야기겠지요. 그러한 여자의 등에 남자의 손이 닿았을 때 눈물을 흘리는 여자의 모습은 무척 아름답게 보이기도 했습니다.

그러나 이제 더 이상 여자의 눈물은 무기가 될 수 없는 현실이 되었습니다. 요즘 남자들은 눈물을 잘 흘리는 여자를 싫어합니다.

마지막인 다섯 번째는 뭐니뭐니해도 불결한 여자입니다.

어떤 설명도 여기에는 더 필요하지 않겠지요.

제아무리 최고급 의상으로 치장했다 하더라도 구두 뒤축을 꺾어 신었거나 하면 남자들은 마음의 문이 닫혀 버립니다.

값비싼 옷은 아무 소용 없습니다. 무엇보다도 언제나 청결함이 감도는 여자가 되는 것이 중요합니다.

이상 다섯 가지를 결론 지어 정리해 보면, 남자가 연인으로 삼고 싶은 여자란 항상 자기의 감정을 컨트롤할 수 있고, 청결함을 느끼게 하는 여성이겠지요. 그런 조건에 대해 당신은 안심할 수 있습니까?

사랑은 마음먹기에 따라서 충분히 당신 편이 될 수가 있습니다.

Love Aphorism

사랑이란 상대방에게 격렬한 호감을 받으려 하는 저항할 수 없는 소망이다.

- 긴즈버그 -

따스한 가슴으로 안아주기

뛰어난 미모에 매력적이고 성격까지 명랑한 여자. 어느 모로 보나 여자로서 만점인데 왠지 사랑에는 인연이 없는 여자가 있습니다. 설령 사랑을 시작해도 오래 가지 못합니다.

이러한 예는 이상하게도 놀라울 정도로 우리 주위에 많습니다. 하지만 원인을 찾아보면 쉽게 드러납니다.

그것은 한 마디로 지나친 사랑이 원인이었습니다.

사랑에 빠지면 대부분의 여자들은 그 사람에 대해서만 머리를 쓰는 경향이 있습니다. 그 사람에 대한 것 이외에는 아무것도 생각하지 못합니다.

그러나 남자들은 그러한 기분을 직선적으로 전달받는 순간 갑자기 답답해 옴을 느낍니다. 그저 순수하게 '사랑을 주고받고 있다'는 생각을 갖고 있는 동안에는 원만한 사이였으나, 사사건건 잔소리를 하면서 후견인같이 나오면 남자들은 피곤함을 느끼게 되어, 그 여자의 곁에서 자꾸만 떠나고 싶어집니다.

  남성의 입장이 되어서 하는 일방적인 변명인지는 모르겠으나, '지나친 사랑'은 남성에게는 산소를 잃은 것 같은 압박감을 준다고 생각하면 어떨까요?

  이런 경우를 예방하는 방법은 한 마디로 말해서 '어머니상(像)'을 갖도록 합니다. 필요할 때는 아무 말 없이 언제든 가까이 다가와서 따뜻하게 몸과 마음을 녹여주는 여자. 대다수의 남자들이 연인이나 결혼 상대에게 바라는 것은 어릴 적 어머니의 '무릎 베개'의 푹신한 감각입니다. 즉, 평온함을 가장 원합니다.

  따라서 일방적인 지나친 사랑은 남자를 피곤하게 할 뿐이므로, 그 결과 사랑이 멀어지게 되는 원인이 됩니다.

  그러므로 지금까지의 '지나친 사랑'은 버리고, '무릎 베개'의 따뜻한 감성을 익히는 것이 중요합니다.

  항상 남자들의 마음 속에는 '따스한 가슴에 안기고 싶다'는 감정이 있다는 점을 잊지 마세요.

Love Aphorism

  사랑의 목적은 소득이 아니라 환경과 더불어 성장하며, 또 환경과 결합됨으로써 자기의 의식을 실현하고, 그것을 확대해 나가는 데 있다.

- 타고르 -

예쁜 여자보다는 하트 미인

　최근의 젊은 남성들을 보면 어딘지 모르게 여성스럽게 변해 가는 것 같이 보입니다.
　하물며 이들은 피부를 손질하기 위해 몇 가지 화장품까지 사다 놓고 정성을 다 해 손질하는 남성들도 있습니다.
　남성들이 '단정한 몸을 갖추기 위해서'라고 하면 그래도 이해가 되지만, 남성적이라는 점에서 생각할 때는 조금은 엉뚱하다는 생각이 들기도 합니다.
　성적이라는 뉘앙스를 얼마 전까지만 해도 풍기던 '남성다움'이라는 말도 그 함축하는 의미가 상당히 변한 것은 사실이지만, 어쩌다 남자들이 이렇게 변해 버렸을까요?
　그 원인을 살펴보면 역시 가정 환경에 있다고 봅니다.
　이를테면 '온실 속의 화초'가 늘어났다는 얘기지요. 한 가정의 자녀들의 수가 적은 때문인지, 이들은 어머니의 과잉 보호를 받으며 자랐습니다.

이들의 마음 속에는 자신들도 의식하지 못한 채 '엄마의 따뜻한 보살핌'이 크게 자리잡고 있습니다.

요즘은 골목길에서 싸우는 남자 아이들은 보기조차 힘듭니다. 그들은 대개 얼굴이 밝으며 마음씨도 고운데다, 예의바르게 여성과 접촉합니다.

이렇게 가정적으로 자란 남자 아이들은 당연히 연인으로 삼고 싶은 여자란, 결코 마음을 상하게 하는 일이 없는 '칭찬을 잘 해 주는 여자'가 될 수밖에 없습니다.

따라서 당신이 그런 남자들을 칭찬해 주는 동안, 이들은 다소 무리를 하더라도 크리스마스 선물은 좀더 멋진 것으로 하겠다는 다짐을 합니다.

지금 남자들이 가장 연인으로 삼고 싶은 타입은 '어머니 같은 여자'입니다. 다시 말해 남자의 마음을 편안하게 해 주는 여자라고 바꾸어 말할 수도 있겠지요.

"얼굴만 예쁜 여자는 필요 없어."

하는 말도 종종 듣게 됩니다.

현대적 감각을 지닌 타입의 여자들이 한결같이 연인을 갖고 싶다고 부르짖는 이유는, 남자들이 의식적으로 그런 여자들을 회피하기 때문입니다.

'그런 여자는 질색이야!'

이것이 정녕 남자들의 본심입니다.

겉모습만으로 승부하려는 여성의 시대는 이제 끝났습니다.

현대의 대다수 남자들이 가장 원하는 여인은 바로 '하트(heart) 미인'이니까요.

Love Aphorism

진실한 사랑은 인격을 높이고, 그 마음을 살찌게 하고, 그 생활을 정화한다.

- 아미엘 -

사랑으로 예뻐지기

　사랑을 하면 여자는 아름다워진다는 말이 있습니다.
　어떤 드라마 속에서, 주인공이 갑자기 아름다워지면 누군가가 재빨리 알아차리고 이렇게 묻습니다.
　"좋은 사람 생겼어?"
　그리고 대개는 물었던 사람이 생각한 대로입니다.
　'미모란 사랑받을 때의 변화된 모습이다.'
라는 말도 있습니다.
　동물은 발정기가 오면 대부분 수컷이 아름다워집니다.
　인간의 경우, 남자는 연인이 생기면 옷차림이 단정해지기는 하지만, 기껏 평소보다 조금 더 깨끗해지거나 옷에 관심을 가지는 정도일 뿐, 여자의 변화와는 비교가 되지 않습니다.
　그렇지만 여자가 아름다워진다고 말해도, 예컨대 작았던 눈이 갑자기 크고 시원스러워지거나, 코가 클레오파트라처럼 높아지는 등 얼굴

형태가 실제로 아름답게 변하는 것은 당연히 아니죠.

연인이 생기면 아무리 선천적으로 게으른 여성이라도 자연히 평소보다 정성 들여 화장을 합니다. 그리고 머리 모양이나 옷, 또는 액세서리 하나에까지 신경을 쓰게 되어 겉으로도 단정하게 보입니다.

쉽게 말해 적어도 손톱에 때가 끼여 있지는 않습니다.

그러한 변화는 직장 동료들에게 가장 쉽게 곧 발견됩니다.

특히 옷에 있어서는 대부분 연인이 좋아하는 대로 맞추려고 합니다.

요즘은 남자들도 옷에 관심이 있거나 미적 감각을 가진 사람이 많아졌습니다.

그러므로 자기 혼자 선택할 때보다 연인과 함께 골라 오히려 촌티를 벗고 세련되어질 가능성이 많습니다.

그러나 여기서 여자가 사랑을 해서 아름다워진다는 말은 좀더 정신적인 면에서 오는 경우가 많습니다.

말하자면 사랑받는다는 만족감, 공감을 함께 할 수 있다는 데 대한 기쁨, 장래에 대한 즐거운 꿈과 희망, 이러한 내면의 기쁨으로 충만된 밝음이 자연히 얼굴 표정이나 몸짓으로 스며나오기 때문에, 생기 발랄하고 여자다운 아름다움을 띠게 되는 것이지요.

여자는 사랑을 하면 생리학적으로도 호르몬의 분비가 활발해져, 그것이 그녀를 여자답고 아름답게 만든다고 합니다.

그러므로 사랑하는 여성의 경우에는, '아름다움은 내면의 생명에서 발하는 빛'이라고 할 수 있습니다.

그렇지만 여자가 사랑에 의해 아름다워지는 것은 그녀가 사랑받고 있는 것이 확실한 경우, 그것도 자신이 좋아하는 상대로부터 사랑받고 있는, 이른바 연애의 가장 이상적인 경우에 한하는 것입니다.

반대로, 이쪽에서 사랑을 하는 데도 상대에게 받아들여지지 않거나 채였을 경우는, 같은 사랑이라도 실망과 절망, 그리고 질투로 피부마저 까칠까칠해져, 오히려 평소보다 추해지기까지 합니다.

그리고 사랑은 유감스럽게도 항상 모든 이로부터 축복받고 행복 충만한 '세상은 우리 두 사람만을 위해'라는 노랫말같이 되는 것만은 아닙니다. 여러 가지 방해가 있거나, 라이벌이 나타나는 등 이것저것 고민과 불안으로 고통을 당하는 일도 많습니다.

그리고 그 무엇보다도 연애는 항상 '현재진행형'입니다.

여성이 직장을 가지고 있는 경우, 연인과의 관계에 의해 감정의 기복이 말과 행동으로 그대로 드러날 위험성도 있습니다.

두 사람이 사이가 좋을 때는 괜찮지만, 만일 실연을 했을 때는 그 부정적인 면이 직장이나 인간 관계에까지 미치므로, 주변에 있는 상사나 동료의 빈축을 사지 않도록 노력해야겠지요.

다음과 같은 이야기가 있다고 가정해 봅시다.

연인인 남녀가 어느 무인도에 표류되었습니다.

음식이라고는 빵 한 조각밖에 없는 상황에서, 남자는 과연 어떻게 할까요?

'다정한' 남자라면 반씩 먹자고 할 것입니다. 여자는 그 다정함에 속지만, 남자는 여자 몰래 큰 것을 먹을지도 모르죠.

또는 그 빵을 전부 여자에게 주는 남자도 있을 테고, 또는 자신이 모두 먹고 힘을 내어 여자가 먹을 사냥감을 잡으러 가는 남자도 있을 겁니다.

　여기서 후자인 남자가 더 매력적일지 모르지만, 설마 남자가 자기 혼자 전부 먹어 버릴 일은 없겠지요. 아마 먹는다 해도 여자에게 양해를 구하고 나서 조심스럽게 먹을 겁니다.

　그렇지만 만약 그 때 남자가 양해를 구하는 말을 꺼내기 전에, 먼저 여자가 빵을 남자에게 내민다면 어떻게 될까요?

　"저는 별로 배고프지 않아요. 당신이 모두 드세요."

　그 말에 따라 남자는 비록 그것을 먹는다고 해도 이렇게 귀여운 자기 희생적인 여자를 위해서라면 생명을 무릅쓰고서라도 반드시 사냥감을 잡아오겠다는 용기가 생길 것입니다.

　결국 남자나 여자나 마음으로부터 상대를 진심으로 사랑하고 있는 경우, 상대를 위해서라면 자신은 어떻게 되어도 좋다고 생각하는 것이 참된 사랑이라고 할 수 있습니다.

　사랑에는 흔히 아가페와 에로스 두 종류로 나누기도 합니다.

　빵을 전부 여자에게 주는 남자의 경우, 기독교에서 말하는 신(神)과 같은 '자기 희생적인 사랑'으로서, 상대를 위해 자신의 모든 것을 내던져도 후회하지 않는 사랑입니다.

　본래 사랑이란 이런 아가페적인 것이 이상적인 모습입니다.

　이에 대해 에로스란 주로 성적인 사랑을 의미합니다. 실질적으로 본능에 많이 따르기 때문에 다분히 이기적이고도 독점적인 요소가 강합니다.

　그런데 아가페적인 사랑의 가능성을 가지고 있는 것은 인간뿐이며, 그렇기 때문에 인간의 사랑은 동물의 성욕과 구별되어 아름다운 것으로 간주됩니다.

불후의 명작 속에서는 대부분 이 순수한 사랑을 테마로 하고 있습니다.

그렇지만 현실 세계에서 보면, 남자와 여자의 사랑에서 오히려 그런 순수한 사랑은 예외에 가깝다고 할 수 있습니다. 왜냐 하면 대부분 타산적인 요소가 개입되기 때문입니다.

남녀가 교제할 때 과거에는 집안이나 신분·직업 등이 방해가 되는 경우가 많았습니다. 그래서 연인들이 자유롭게 부부가 되는 것이 상당히 어려웠지요.

더욱이 동반 자살이나 그 외의 이상한 일도 사랑을 관철시키기 위해 종종 일어났습니다. 그러나 지금은 그런 방해 요소가 없어지고, 연애는 어디까지나 개인의 자유가 됐기 때문에, 오히려 남자와 여자 모두 무책임하게 행동하기도 합니다.

특히 오늘날과 같은 개인주의가 만연되어 있는 시대는 자기 희생적인 사랑을 이루려 하면 몸과 마음이 모두 상처받기 십상입니다.

그렇지만 만약 당신이 진정 그를 사랑하고 있다면, 그를 위해 자신이 뭔가 중요한 것을 희생한다 해도 후회하지 않아야 합니다. 그뿐만 아니라, 당신이 그에게 무언가 해 주었을 때, 그가 진심으로 기뻐하고 감사하는 것으로 인해 당신도 더할 나위 없는 보람을 느낄 수 있어야 합니다.

그것이야말로 진정 사랑의 참모습입니다.

애매한 대답을 들을 때는 냉정하게

대부분의 사람들은 자기에게 없는 것을 갖고 싶어하는 면이 있습니다. 예를 들면 남을 잘 웃기는 남자는 그 반대로 정숙하고 고상한 여인을 좋아하고, 또 순박한 남자는 활달한 여성을 원합니다. 반면, 마음이 느긋한 여성은 활동적인 남성을 좋아합니다.

이처럼 사람들에겐 의외성이 있습니다. 바로 그런 점에서 연인을 고르는 묘미와 어려움이 있는 것이지요.

그렇지만 무엇보다도 먼저 자기의 목표를 어디에 둘 것인가를 정하는 것이 매우 중요합니다.

만약, 당신이 희망하는 결혼 상대가 터프한 성격의 남성이라면 그 목표는 결혼이 될 것입니다.

매우 간단한 일이지요.

어쩌면 대부분의 여성들은 결혼을 목표로 하고 있을 것이므로, 여기서 그것을 전제로 하여 얘기하겠습니다.

남성 중에는 상대하기에 좀 힘든 타입이 있습니다. 즉, 무슨 생각을 하고 있는지 잘 알 수 없는 남성이 그렇습니다.

평소에는 매우 온순하고 친절한 사람이었다가도 장래 문제를 얘기하면 갑자기 말꼬리를 흐립니다.

여성들은 또 묘하게도 이런 타입의 남성에게 쉽게 매료되는 약점이 있습니다.

'나를 정말 좋아하는 건가?'

'나와 결혼해 줄까?'

여자의 머릿속에는 언제나 이런 생각으로 가득차 있습니다. 그래서 큰맘 먹고 상대와 부딪쳐 보지만, 애매한 대답만 돌아올 뿐입니다.

"좋아하기는 하지만 지금은 결혼하고 싶지 않아."

그런데 여성 측에서는 이 말을 호의적으로 받아들여, 지금 당장 결혼하지는 않더라도 언젠가는 자기와 결혼해 줄 것이라 믿으며 자기 식대로 풀이하여 관계를 계속합니다.

뜻밖에도 이러한 패턴이 우리 주위에 많은 것 같습니다.

이런 타입의 남성으로부터 애매한 대답을 들었을 때는, 그는 당신과 결혼할 생각이 전혀 없다고 냉정하게 판단을 내리고 일찌감치 헤어지는 것이 좋습니다. 특히 결혼하고자 하는 생각이 강한 여성일수록 더욱 그렇게 하세요.

당신의 귀중한 시간은 지금밖에 없습니다.

이런 황금과 같은 귀중한 시간을 결혼도 생각하지 않는 남성을 위해 헛되이 쓰기보다는, 더 멋진 남성이 있으리라는 기대를 갖고 그에게서 고개를 돌리는 게 훨씬 현명합니다.

물론 그렇게 하자면 가슴을 도려내는 아픔이 따르겠지요.

하지만 긴 안목에서 보면, 가능성이 전혀 없는 것에 모험을 거는 것보다는 지금의 고통이 훨씬 유익합니다.

새로운 꿈을 잡을 수 있는 기회 역시 될 수 있으니까요.

Love Aphorism

사랑에 있어서 첫번째의 계기는 내가 독립한 인격이고자 하지 않는다는 것, 또 그렇다고 하더라도 그 때에는 자기를 결점이 많은 불충분한 사람으로 느낀다는 것이다. 두 번째의 계기는 내가 한 사람의 다른 인격 속에서 나 자신을 획득한다는 것, 그리고 내가 다른 사람 속에서 보람을 얻으며, 또 다른 사람 역시 내 속에서 그렇게 된다는 사실이다. 그러므로 사랑은 최대의 모순이며, 사람이 가지고 있다는 다섯 가지 감성인 기쁨·노여움·욕심·근심·공포는 이 사랑의 수수께끼를 풀어낼 수가 없다.

- 헤 겔 -

타산적인 사랑에서 벗어나기

'사랑은 타산적인 마음'이라고 표현하면 어떨까요? 다시 말해서 순수한 마음으로 상대를 사랑하는 게 아니라, 거기에 자기의 이해 득실을 부여한다는 말입니다. 이것은 반드시 보복당할 만한 사랑이겠지만 말입니다.

흔히 "이 사람이야"하고 점 찍었으면 물불 가리지 않고 자기 것으로 만드는 여자가 있습니다.

이를테면 '남의 떡이 커보인다'는 타입입니다.

친구의 연인이든 남의 남편이든 가리지 않고 자기에게 득이 될 것 같다고 생각하는 순간 즉시 행동에 옮기는 그런 여자입니다. 그리고 그러한 여자들일수록 남자의 마음을 사로잡는 요령을 이미 터득한 경우가 많으니 안타깝지 않을 수 없습니다.

그래서인지 몰라도 그런 여자에게 남자들은 쉽게 넘어갑니다.

그런데 그런 여자들은 상대를 손쉽게 수중에 넣은 만큼이나 싫증도 금방 느낍니다.

그리고 그녀들에게는 언제나 최상의 먹이만 있기 때문에 그보다 더 나은 목표물을 발견한 순간 차버리는 것이지요. 그런 정도까지 가보아야 비로소 남자들은 정신이 번쩍 듭니다. 자기가 이용당했다는 사실을 그제서야 깨닫게 된 것이지요.

얼마나 딱한 이야기입니까.

여자 쪽에서 말하자면 그 남자는 단지 자기에게 '속아넘어간 바보'에 지나지 않는 것이지요.

그러나 남자를 그렇게 조롱하면 안 됩니다. 그런 여자들은 반드시 보복을 당합니다.

"그 여자, 아주 질이 안 좋더라고."

하면서 남자들은 그 여자에 대해 악담을 퍼뜨립니다.

정작 영리한 남자들은 결코 그런 여자를 가까이하지도 않습니다. 만약 가까이했다 하더라도 자유롭게, 즉 게임하듯 즐기고 있다는 말입니다.

오히려 잔꾀를 부린 여자들이 제 꾀에 제가 넘어가는 형상입니다. 좋은 남자는 결코 여자의 잔꾀 따위에 말려들지도 않습니다.

이와 반대로, 계산적으로 접근해 오는 남자들도 좋은 여자를 얻지 못합니다.

지금도 타산적인 남녀가 어디인가에서 서로 속이고 속는 일을 계속하고 있을지도 모릅니다.

그것을 눈치채지 못하는 것은 엉큼한 마음을 가진 본인뿐이라는 게 참으로 딱할 뿐입니다.

그런 나쁜 마음을 갖고 있는 동안에는 결코 진실한 연인을 만나지 못한다고 해도 과언이 아닙니다.

왜냐 하면 진실한 남자는 그만큼 좋은 여자를 가려내는 안목을 갖고 있기 때문입니다.

Love Aphorism

사람을 사랑하되, 그가 나를 사랑하지 않거든 나의 사랑에 부족함이 없는가 살펴보라. 행함이 있으되 얻는 것이 없으면 모든 것에 대한 나 자신을 돌아보고 반성하라. 나 자신이 올바를진대 천하가 모두 나에게 돌아오리라.

- 맹 자 -

'진짜 연인' 가려내기

불장난인지 진실인지, 많은 여성들이 연인의 기분을 종잡을 수 없어서 고민합니다.

처음에는 '장난이라도 좋아. 그와 같이 있을 수만 있다면'라고 생각하던 감정도, 교제가 깊어짐에 따라서 '나만이 그의 진짜 연인이 되지 않으면 안 돼'라는 마음으로 바뀝니다.

그런데 남자의 마음은 다릅니다.

지금 진행 중인 연인이 있더라도 '더 좋은 여자가 있다면'하고 딴 생각을 하기가 쉽다는 말입니다. 남자라는 동물은 한 사람으로 만족하지 못하는 것 같습니다.

그렇지만 안심하세요. 그런 남자들이 당신을 '진짜 연인'으로 결정했을 때는 오히려 더 믿음직한 사이가 됩니다. 그렇게 되면 남자는 당신과 기쁨도 슬픔도 함께 하고 싶다는 마음이 확고해집니다.

그 때에는 슬픔은 절반으로, 기쁨은 두 배로, 최상의 관계가 이루어지는 셈이지요.

기쁠 때는 그와 함께 기뻐하고, 슬플 때는 그의 가슴에 안겨 눈물을 흘립니다.

'나는 외톨이가 아니었어.'

그에게서 이런 감정을 갖게 해 주었다면 당신은 그의 훌륭한 '진짜 연인'이라고 단정할 수 있습니다.

상대가 고급 레스토랑에 데리고 가서 함께 식사한 것을 무슨 대단한 사건인 양 자랑스럽게 얘기하는 여자가 있는데, 그런 것이 '진짜' 여부를 가리는 지표가 되는 것은 아닙니다. 그것은 단순한 남자의 자기 만족에 불과합니다.

서로 허세를 부리고 있는 동안에는 남녀간에 사랑이 결코 생기지 않습니다. 발가벗은 자신의 치부를 드러내놓았을 때, 비로소 진실한 사랑이 태어납니다.

'괜찮다면 나 같은 사람이라도 사랑해 주세요. 고독을 함께 나누고 싶어요.'

지금 당신은 이런 플래카드를 그에게 자신 있게 들어올릴 수 있나요?

당신의 겉만 보게 한다면 언제까지고 자신은 '장난감'으로 머무르게 된다는 사실을 알아야 합니다.

먼저 자기 자신을 과감하게 노출시킬 때, 그것을 상대방이 거부감 없이 받아들인다면 똑같은 정도의 사랑으로 되돌아옵니다.

그리고 그가 당신의 슬픔을 당신과 같은 비중으로 느껴주는지 생각해 보세요. 함께 슬픔을 극복하게끔 해 주는 자세야말로 당신이 '진짜 연인'인지 아닌지를 가려낼 수 있는 포인트입니다.

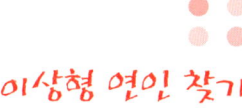

이상형 연인 찾기

젊은 독신 여성들에게 '가장 이상적인 남성상'에 대해 질문해 보면 '반드시'라고 해도 좋을 만큼 '착한 사람'이라는 대답이 나옵니다.

그렇지요. 누구나 다정하게 대해 주면 기분이 좋아지지요.

그래서 여성들은 오늘도 '마음씨 착한 남자'를 찾기 위해 바쁘게 움직입니다.

그런데 그런 남성들을 쉽게 찾지 못하는 이유는 무엇일까요? 다시 말해서 고독하고 쓸쓸한 여자들이 늘어나게 된 원인은 무엇일까요?

그것은 마음씨 착한 남자를 찾아다녔지만 정작 그녀들은 그들에게 착한 마음을 베풀 줄 몰랐기 때문입니다. 다시 말해 방법을 몰랐던 것이지요.

'나의 이상형은 이것 저것을 갖추어야 하고, 그 이외에는 아니야.'

비록 이러한 말이 입 밖으로 나오지는 않았다 하더라도, 당신의 얼굴 표정에 나타나고, 당신 태도에 드러난 겁니다.

남자들은 그것을 아주 섬세하게 읽어내고선 다만 모른 체하고 그저 당신 곁을 지나쳐 갔을 뿐이었지요.

'그건 터무니없는 말'이라고 생각하는 사람들도 있겠지요.

그렇다면 당신은 엘리베이터를 타고 내릴 때 남에게 양보하려는 마음을 갖고 있나요?

그리고 지하철에 앉아 있을 때 할아버지나 할머니가 타면 '여기 앉으세요'하면서 곧바로 자리를 양보할 수 있나요?

또 붐비는 차 안에서 서로 어깨가 부딪쳤을 때 '미안합니다'라고 먼저 말할 수 있나요?

'마음씨 착한 남자'를 찾고 있는 당신 자신이 먼저 그 착한 마음씨를 다른 사람에게 베풀고 있는지를 생각해 보세요.

누구나 다정하게 해 주면 기분이 좋습니다. 그런데 특히 연애에서 여자가 원하는 다정함이란 거의 하인과 같은 것이기 쉽습니다.

'나를 정말 사랑한다면 그이는 나를 위해서 무슨 일이든지 할 수 있을 거야.'

지금까지 이런 식의 오만함이 당신의 매력을 반감시켰다고 해도 과언은 아니겠지요.

자, 이제부터라도 마음씨 착한 연인을 찾기 전에 남에게 다정함을 베풀 수 있는 여성이 되어 보세요. 그것이 자연스럽게 당신에게 어울릴 때, 그 자연스런 다정함이 연인의 눈에도 보입니다. 그런 날은 틀림없이 머지않아 옵니다.

언제까지 일방적으로 '다정하고 착한 사람'을 찾아다닌다 해도 그런 당신이 먼저 착한 마음을 갖지 않는다면, 또한 그런 방법을 쓰지 않는다면 사랑은 기대만큼 다정하지 않습니다.

"당신이 먼저……."

"미안해요."

"당신이 먼저."

이렇게 말할 수 있는 마음의 여유를 갖고 있을 때, 사랑은 당신 가까이에 다가옵니다.

Love Aphorism

네 눈이 너에게 말하는 것을 믿지 말아라. 그것이 보여주는 것에는 한계가 있다. 그러나 사랑이야말로 최초의 고독이며 기쁨이고, 자기 자신의 삶에 대해 자신에게 행한 최초의 내면적인 말이다. 더 이상 어떤 말이 눈부시게 아름다우랴!.

- 워즈워스 -

우유부단한 남성 쫓아내기

남성을 자기 옆에 꼭 붙잡아 두려고 무척이나 애쓰는 불쌍한 여성들이 의외로 많이 있습니다.

대개 남자들은 여자들에게 감동하고, 그녀들과의 교제를 즐기면서, 그러다 때로는 고독해지기를 요구합니다.

그렇지만 사랑을 고백하고 맹세하며, 또 구혼을 해야 하는 순간이 오면 등을 돌리기 일쑤입니다.

하지만 그래도 교제는 멈추지 않습니다. 모든 것들이 이제까지와 변함 없이 아무것도 약속하지 않고, 이 꽃에서 저 꽃으로 건너뛰어 날아다니는 자유를 누리고자 합니다.

상대 여성에게는 언제나 정숙하고 헌신적인 것을 원하다가 유사시에는 어떤 관계가 되기를 원합니다. 이런 제멋대로이고 바람둥이 같은 남자의 역할은 순전히 에고이스트 그 자체라고 볼 수 있습니다.

그러나 모든 남성이 그렇지는 않습니다.

만일 좀더 현명하고 남성다운 남자라면 상대 여성에게 아무것도 주지 않으면 아무것도 얻을 수가 없음을 이미 알아차리고 있습니다.

남자는 자신이 행복해짐과 동시에, 여성도 함께 행복해지기를 원해야 합니다.

그런데 불행한 일에 맞딱뜨리면 우유부단해지는 남성이 꽤 많이 있습니다.

때로 우유부단으로 인한 이들의 망설임은 선천적인 선량함 때문이라고 볼 수도 있습니다. 그렇지만 그런 남자들은 대부분 소심합니다. 또 자기 자신조차 믿지 못하는 유약한 남성들도 있습니다.

'그녀와 함께 평생을 할 수 있을 정도로, 가능한 한 모든 행복을 그녀를 위해 희생할 수 있을 정도로 내가 그녀를 깊이 사랑하고 있는가?'

'그녀를 행복하게 해 줄 수 있을까?'

'나보다 그녀는 영특하므로, 나에 대해 재빨리 파악하고, 날 갖고 놀지는 않을까?'

'특히 나는 한 가정의 기둥이 될 자격이 있을까?'

결국 이런 회의를 하면서 이런 모든 것들에 확신을 가지지 못합니다.

그래서 이들은 부모의 집이나 자기 혼자 사는 방 안에 틀어박혀 버립니다. 이렇게 한번 방 안에 죽치고 있으면 그 곳에서 밖으로 끌어내기란 대단히 힘듭니다.

그리고 자기 자신에게 불만이 있는 그런 남자는 세상 전체가 불만투성이이고, 그 불만의 원인을 자신이 사랑받고 있다고 믿고 있는 여성에게 덮어씌우는 경우도 종종 생깁니다.

게다가 더욱 안타까운 일은 이런 타입의 남성을 매력 있게 보는 여성입니다.

　자기를 싫다고 떠난 사람을 쫓는 것은 어쩌면 인간의 당연한 행동인지도 모릅니다.

　만약 우유부단한 남성이 아무 말도 하지 않은 채, 그의 언어나 눈빛으로 사랑의 메시지를 전달하지 않는다면 위험도 따르지 않겠지만 말입니다.

　냉정하고 말수가 적은 남성들 대다수가 타인에 대해서도 무관심하지만, 우유부단한 남성의 성질 그 자체는 때로 여성에게 적극적으로 달려들거나, 또 그렇게 한 행동을 후회하기도 합니다.

　이들은 2보 전진, 3보 후퇴, 이런 식으로 진도가 나갑니다.

　안타깝게도 대부분의 여성들은 이 게임에 걸려들게 됩니다.

　그렇기 때문에 그녀들은 많은 것을 희망하지만, 얻을 수 있는 것은 아주 적습니다.

　간혹 우유부단한 남성들이 대담한 의사 표현을 할 때가 있습니다.

　이들은 오랫동안 손을 잡거나, 아름다운 어깨에 난폭하게 팔을 걸치거나, 차가 회전할 때나 격렬하게 움직일 때를 이용해서 장난스럽게 몸을 기대기도 합니다.

　이런 남자들에게는 요구하지 않으면서 취하고, 또 작은 베풂에는 만족하지 않고, 모든 것을 얻으려는 대담함이 결여되어 있습니다.

　다만, 이 소심함 자체가 우유부단한 남성을 위험한 존재로 만들기도 합니다.

　조심성 많은 여성은 '돈 후안'을 박절하게 거절하지만, 이러한 우유부단한 남성은 경계하지 않습니다.

그녀는 천천히 그가 접근하는 것을 보고, 그가 요구할 용기가 없음을 느끼고서 여자 스스로 먼저 그에게 제공하고자 합니다.

그녀가 제공할 의향을 보이면, 그는 즉시 후퇴하고는 다시 추적하려고 합니다.

그렇게 되면 '왜 그럴까?'하는 의문을 품고 초조해하는 여성이 있습니다.

'하지만 그가 나를 사랑하고 있는 건 사실이야. 그렇지 않다면 왜 날 찾아오는 거야? 나와 식사하고 싶다고 그가 왜 전화한 거지?

무엇 때문에 자기 부모에게 날 소개했을까? 부모 역시 내게 무척 친절하셨고. 그런데 왜 그의 대화는 언제나 일반적인 화제뿐인 걸까? 문학이나 연극 얘기만 할 뿐 서로에 대해서는 왜 한 번도 말을 꺼내지 않는 걸까?'

그녀는 이렇게 한숨을 토하며 플라토닉한 사랑에 지쳐 버리고 맙니다.

그가 무얼 원하는지 그녀는 끊임없이 자문을 해 보지만, 사실 그는 아무것도 그녀에게 원하지 않았습니다. 다만 그녀 혼자 그렇게 상상했을 따름이지요.

이러한 상황이 계속되다 보면 여성은 머지않아 자신이 비참하다고 생각하게 됩니다. 그런데 여기서 더욱 중요한 것은 귀중한 시간을 낭비하고 있다는 사실입니다.

인생에서 청춘과 아름다움은 어느 새 지나가 버리고 맙니다. 그러므로 청춘과 아름다움은 그것이 활짝 피는 순간 사용하는 게 무엇보다 중요합니다.

우유부단한 남성에게 인생을 독식당하고 있는 불행한 젊은 여성은 시간이 얼마나 빨리 지나가 버리는가를 깨달아야 합니다.

남자의 그 기묘한 소심함으로 짧고 한 번뿐인 인생을 희생해 버리고 말 건가요?

당신의 주위에는 보다 정력적이고 보다 적극적인 다른 남성이 당신의 마음을 끌려고 안절부절못하고 있는 데도 말입니다.

그들 남성 중 한 사람과 맺어지기 위해서는 사인 하나로, 약간의 칭찬만으로도 충분합니다.

그렇지만 우유부단한 남성은 상대 여자조차 우유부단하게 만들어 버립니다. 이런 경우 가장 좋은 해결 방법은 첫째 우유부단한 남성과의 인연을 하루아침에 싹둑 잘라 버리는 겁니다.

당장 그와 만나는 것을 전면 피하고, 전화가 오면 핑계를 대든가 소극적으로 응답합니다. 결국 그는 자신의 그 우유부단함 때문에 자신을 버리는 것이지요.

물론 인연을 끊을 때는 괴롭겠지만, 미련 때문에 인생의 더욱 암울한 깊은 곳으로 침몰해 갈 자신을 그대로 맡겨 둘 수는 없으며, 빨리 자신을 구해야 합니다.

그런 아픔을 겪고 수주일이 지나면 미래를 가로막고 있던 이 우유부단한 남성이 그녀의 인생에서 사라졌다는 사실에 정녕 안도의 한숨을 내쉴 것이며, 또한 다시 자유를 갖게 된 것에 참으로 크나큰 기쁨을 느낄 것입니다.

두 번째 해결책은 이렇습니다.

먼저 당신이 결정타를 휘두르기 전에 우유부단한 남성에게 기회를 주는 겁니다.

대부분의 사람들은 이렇게 말합니다.

"무엇 때문에 그래야 하는 거지? 성격을 고칠 수는 없어. 만약 완강하게 부딪치면 어떤 약속이라도 하겠지. 하지만 일단 공포와 불안이 지나가면 곧 원래의 핑계와 망설임으로 돌아가고 말 거야. 예컨대 수전노가 관대해지거나, 악한이 착해지고, 겁쟁이가 용감해질 수 있을 것 같아? 우유부단한 남자는 시간이 흘러도 우유부단 자체를 바꾸려고 하지 않아. 시간과 체력의 낭비야."

그렇습니다. 성격을 바꿀 수 없음은 사실입니다. 하지만 노력으로 여러 가지 효과를 거둘 수는 있습니다.

예컨대 어떤 게으름뱅이가 있었는데, 그의 게으름에 딱 어울리는 일을 맡겼더니 금방 사람이 달라졌다는 얘기가 있습니다.

그것은 그가 우유부단한 것은 자기 자신을 믿지 않기 때문입니다.

그의 사랑이 저절로 눈을 뜨도록 이끌어준 사람이 바로 당신이라면, 어쩌면 그의 우유부단함도 당신이 고칠 수 있을 겁니다.

연인의 소심함이 당신 탓이라면 그 곳에야말로 사랑의 에센스가 있고, 위대한 사랑이 약속되어 있습니다.

이런 경우, 그에게 이런 식으로 말해 준다면 어떨까요?

"저는 당신에게 무척 호감이 갑니다. 그렇지만 오랫동안 기다려도 아무런 진전이 없군요.

그래서 당신 마음이 변할까 두렵고, 또 그 때문에 신경질적이 되고, 일도 손에 잡히지 않아요. 선택해 주세요.

제가 생각하고 있는 것처럼 당신이 저를 사랑하고 있다면 사실을 솔직하게 제게 털어놓고, 가능한 한 빨리 결혼하여 부부가 되도록 해 주세요. 뒷걸음질치고 싶지는 않아요.

 저는 부부가 되면 가능한 한 좋은 관계가 유지될 수 있도록 노력할 거예요. 저와의 사랑에 의해 당신이 그 소심함에서 해방된다면 당신은 자신의 약점으로부터 회복될 수 있게 되는 거지요.

 그렇지 않으면 저를 잃어버리게 될 거예요.

 이렇게 마치 지옥 앞에 서 있는 듯한 혼란스런 감정 상태로는 서로의 인생을 낭비할 뿐이에요.

 계속 이러한 관계라면 서로를 원망하지 말고 당장 헤어지기로 해요. 둘 다 서로에게 더욱 잘 어울리는 상대를 찾도록 해요.

 안녕, 행운을 빌겠어요."

 이러한 단호한 결심은 우유부단한 남성을 뱃전 밖으로 내던져 가벼워진 배가 된 셈이니, 배는 다시 다른 행복을 향해 진로를 잡겠지요.

 젊은 여성에게는, 더 정력적이고 자신이 원하는 것을 알고 있는 남성을 찾아, 자신 있게 그 남성에게 자신의 인생을 연결할 기회가 얼마든지 있을 겁니다.

 어쩌면 그의 무거운 침묵과 사랑의 회피가, 지금까지 그녀의 마음을 산란스럽게 했었지만, 저 갸름했던 옆얼굴과 우유부단함이 가끔가다가 그리울 때도 있겠지만 말입니다.

 그런 아픔의 결단을 내린 후 그녀는 든든한 남편과 어여쁜 아이들을, 또 가정을 돌아보며 이렇게 혼잣말을 할 겁니다.

 '그래, 내 판단이 옳았어. 결국 햄릿은 못난 남편밖에 될 수 없었어.'

당신의 사랑을 오래도록 간직하는 방법

상황을 솔직하게 받아들이고 거울 앞에 서서 미소 지어 보세요. 여자의 자신감과 지나친 초조가 상대방의 마음을 변하도록 하는 슬픈 결과를 낳게 되는 일이 많아요. 신중하게 여유를 갖고, 약간의 휴식을 취해 보세요.

참된 사랑을 위한 지름길 207
올바른 사랑의 대상 구별법 210
후회하지 않는 연인으로 남기 212
사랑의 감동으로 열매 맺기 215
사랑을 오래 유지하는 방법 218
지나친 열정은 절대 금물 221
연인에게 세심한 배려를 224
사랑을 위한 휴식기 227
매력적인 여자로서의 테크닉 230

참된 사랑을 위한 지름길

연인이나 마음에 두고 있는 사람이 조금이라도 자기에게 마음에 거슬리는 행동을 할 경우, 이렇게 말하는 여자가 있습니다.

"흥, 남자가 어디 자기뿐인가? 내 주위에 얼마든지 있다고."

사랑은 그저 착하기만 한 것이 아닙니다.

모든 것을 당신 뜻대로 할 수 있다는 생각 역시 잘못입니다. 그런 일은 이 세상에 존재하지 않는다고 해도 틀린 말이 아닐 것입니다.

흔히 오누이 같은 부부라는 말을 듣는 커플이 있는데, 그들도 처음부터 그렇게 된 것은 아닙니다.

출생도, 성장 과정도, 개성도 전혀 다른 한 남자와 한 여자가 오랜 시일에 걸쳐 만납니다. 서로 호흡이 맞을 때까지 그 긴 시간을 두 사람이 사랑으로 일관되어 살았기 때문에 얼굴까지도 자연스레 닮아가는 것입니다. 그것은 곧 행복이 배가되었다는 확실한 증거이기도 하지요.

그렇기 때문에 '사랑의 교만함'을 언제까지나 갖고 있는 여성은 불행을 자초하고 있다고 봅니다. 그러므로 사랑에 대해서는 '겸허한' 마음 자세를 가져야 합니다.

겸허한 마음을 갖는다면, 그의 결점조차도 사랑스럽게 볼 수 있습니다. 그러나 그의 결점이 마음에 걸릴 정도가 되면, 이미 그 사랑은 한 물 갔다고 볼 수 있습니다. 그러고는 다른 남성에게 다시 접근하려고 마음먹겠지요.

이러한 행동은 당신의 마음을 황폐하게 할 겁니다.

눈길을 다른 남자에게로 돌리기 전에, 서로 성격이 맞지 않는 점이 있다면 다른 각도에서 다시 한 번 바라보는 마음을 길러보세요.

그러면 새로운 상대를 찾기보다는 '진짜 사랑'을 찾는 지름길이 될 테니까요.

"당신은 틀렸어"하면서 상대를 마구 바꿔치기 하는 사이에, 틀렸다고 생각하면서도 꾹 참아가며 연인과 만나는 주위의 친구들은 그것을 슬기롭게 잘 극복하여 결혼에 골인한 사례가 적지 않을 겁니다.

그런데 상대를 바꿔치기한 여성은, 지금은 덜렁 자기 혼자만 남아 견디기 힘든 외로움을 감내하고 있을 겁니다.

싸움이나 언쟁을 하더라도 그것을 슬기롭게 극복해 나간다면 오히려 그 때마다 상대방이 더 사랑스러워집니다.

한 번쯤 그가 바람을 피웠다고 해서 곧바로 헤어지자고 통고하는 것도 매우 위험한 올가미입니다.

헤어지자는 말을 일시적인 감정으로 입 밖에 자주 내게 되면 그의 바람기 상대인 여자에게 그를 양보하는 꼴이 됩니다.

그런 때일수록 꾹 참고, 오히려 반대로 다정하게 대해 주세요. 그러면 그는 그런 당신에게 더 깊은 사랑을 느끼고 반성할 것입니다.

이렇듯 사랑의 속성 자체가 몇 개의 큰 고개를 넘으면서 더욱 깊어집니다.

세상에 좋은 남자들은 얼마든지 있다고 큰소리를 치지만, 당신도 실제로 그런 남자가 그렇게 흔한 것은 아니라는 점을 충분히 알고 있을 겁니다.

자, 지금부터 결점을 장점으로 바꾸어 보세요.

이것도 지혜로운 여자의 사랑법입니다.

Love Aphorism

사랑할 때는 사상 따위가 문제되지 않는다. 내가 사랑하는 사람이 음악을 좋아하는가 어떤가는 조금도 문제가 되지 않는다. 결국 어떤 사상에도 우열을 결정하기란 힘드는 것이다. 세상에는 오직 하나만의 진리가 있을 뿐이다. 그것은 단지 서로 사랑하는 것이다.

- 롤 랑 -

올바른 사랑의 대상 구별법

젊은 여성들에게 '어떤 남자를 연인으로 하고 싶은가?'라는 질문을 던지면 곧잘 '스포츠를 좋아하는 멋진 사람'이라는 대답이 나옵니다.

그녀들에게 외형적으로 '멋있다'는 것은 우선적인 조건이 되는 모양입니다.

젊었을 때는 '멋진 남성'과 함께 있다는 것 자체로 자신도 우쭐해지는 기분이 드는데, 그것만으로 족합니다. 그렇지만 나이가 좀더 들면 외적인 '멋진 것'이 아무런 의미도 없다는 사실을 깨닫게 됩니다.

"네 남자 참 멋지더라."

하고 다른 친구에게 말하지만 그것은 겉만 본 것뿐입니다.

나이가 들수록 속이 차지 않은 멋진 남자보다는, 겉보기에는 그저 그렇지만 존경할 만한 능력을 갖고 있는 남자가 훨씬 더 가치가 있다는 것을 알게 됩니다.

겉모양만 그럴 듯한 남성이란 흔히 '진짜 사랑'의 대상이 아닙니다.

그래서 '겉만 번지르한 남성'에게 휘둘려 본 여자들의 다음 연인은 매우 평범한 남성일 때가 많은 이유입니다.

"그이와 같이 있으면 마음이 편안해져요."

하고 그녀들은 본래의 웃는 얼굴을 되찾아 생기 있는 눈으로 말합니다.

그런데도 아직 그것을 깨닫지 못하고 '멋진 남성'만 찾는 '우둔한 여자'가 있습니다. 그것이 자기의 '멋진 센스'라고 믿고 있는 당신은, 그런 생각이 자신을 '우둔한 여자'로 만들고 있다는 사실을 잊으면 안 됩니다.

"야, 그 사람 정말 멋져 보이던데!"

이런 말을 듣고 기뻐하기보다는, 당신과 함께 슈퍼마켓에 가거나, 뒷일을 도와주는 남자가 훨씬 더 멋지다고 생각하지 않습니까?

'겉모습'은 사랑에 아무런 도움이 되지 못합니다. 당신은 그러한 사실을 보다 빨리 깨닫지 않으면 사랑을 오래도록 지속시킬 수 없습니다.

머지않아 여자들은 출산을 하고 아이를 기릅니다. 그 때 '외모'와는 너무도 거리가 먼 당신의 모습과 불가분 만나게 되어 있습니다. 그럴 때 남자의 외모는 아무런 소용이 되지 않을 겁니다.

말하자면 말없이 무거운 짐을 들어주는 착한 남자, 땀을 뻘뻘 흘리면서 당신을 만나러 오는 마음씨를 가진 남자가 훨씬 더 당신에게 소중하고 멋집니다.

참된 사랑에는 이런 것들이 반드시 필요합니다.

다시 한 번 충고하건대, 땀 한 방울 흘릴 줄 모르는 '겉만 번지르한 남성'은 사랑의 대상이 되지 못한다는 걸 잊지 마세요.

후회하지 않는 연인으로 남기

대체로 연인에게 사랑받는 여성들을 보면 모두 공통점이 있는데, 그것은 성격이 '깨끗하다'는 점입니다.

깨끗한 성격의 여성들은 연인을 무척 사랑하지만, 경우에 따라서는 깨끗하게 헤어질 줄도 아는 여자들입니다. 물론 그녀들은 사랑의 슬픔도 충분히 알고 있습니다.

그렇지만 사랑하던 남자가 자기 아닌 다른 여자를 더 사랑한다는 사실을 알게 된 순간, 그녀는 모든 것을 깨끗이 정리할 용기가 있습니다.

그리고 무엇보다 그녀들은 비참한 여자가 되는 것은 결코 아름답지 못하다는 걸 충분히 알고 있습니다.

'그녀를 버린 것은 크나큰 잘못이었어.'

이런 생각을 그녀들은 남자의 가슴 속에 심어줄 수 있는 여자가 되고 싶어합니다.

더욱 멋진 것은, 그녀들은 결코 헤어진 그 남자를 비방하거나 욕하지 않습니다.

헤어질 때 역시 깨끗이 웃는 얼굴로 안녕을 고합니다.

그래서 남자들은 그런 깨끗한 마음씨를 가진 여성에게 마음이 끌리지 않을 수 없습니다. 그것은 언제나 자신감이 넘치는 그 모습이 아름답게 보이기 때문입니다.

'좋은 여자'에게는 '좋은 남자'가 따르기 마련입니다.

그런 멋있는 커플은 두 사람 사이에 서로 '어디어디까지는 용서할 수 있다'는 선이 자연스럽게 그어지는 것 같습니다.

그 선이란 암묵리에 상대방이 자기 이외의 이성과 관계하는 정도를 가리키는 것이죠. 그러므로 그 선을 넘지 않는 이상, 다른 사람과 어떤 관계를 갖더라도 서로 상관하지 않습니다. 물론 그렇게 되려면 상당한 믿음이 있어야겠지요.

예를 들어 봅시다.

가령 당신의 연인이 당신의 친구와 만나고 있다는 사실을 어떤 친구가 귀띔해 주었다고 합시다.

보통 사람 같으면 당장 달려가 크게 싸움을 벌일지도 모릅니다. 하지만 그럴 때도 그녀는 웃어넘길 수 있습니다.

두 사람의 신뢰 관계도 그렇지만, 그녀는 이미 오래 전부터 확고부동한 자기 자신을 지키고 있었으므로 그렇게 할 수 있었던 겁니다.

'깨끗이 헤어질 줄 아는 상대를 고르는 것'이 연애의 중요한 조건 중의 하나입니다.

이와 같이 헤어지는 방법에 따라 두 사람이 살아온 세월이 아름답게도 되고, 추하게도 될 수 있습니다.

'사랑은 결코 후회하지 않는 것'이라는 말이 있는데, 그것은 바꾸어 말하면 '사랑이 언제 끝나더라도 자기 자신을 항상 후회하지 않는 모습으로 남는 것'이라고도 말할 수 있지 않을까요?

그러므로 이런 마음을 계속 유지하는 것이 사랑을 오래도록 간직할 수 있는 비결입니다.

대다수의 남자들은 이런 '깨끗한 여자'에게 약하기 마련입니다.

Love Aphorism

사랑이란 실제 사랑의 대상보다 스스로 만들어 낸 마음의 대상을 한층 더 사랑한다. 만약 사람이 자기가 사랑하는 실제의 대상을 정확하게 바라볼 수 있다면 이 세상의 사랑은 존재하지 않을 것이다.

- 루 소 -

사랑의 감동으로 열매 맺기

사랑은 한 번 □고 버리는 일회용의 보잘것없는 것이 아닙니다. 다시 말해 처음 데이트가 즐거웠으면 두 번 세 번 계속 만나고 싶어져야 합니다.

그러나 첫 만남이 즐겁지 않았다면, 그 사랑은 그것으로 끝내 버리는 것이 현명한 판단입니다. 즉, 사랑의 에너지를 쓸데없이 낭비하지 말고, 다음으로 눈을 돌리는 겁니다.

그러나 멋진 사랑이 지금 막 이루어질 듯한 당신을 상상해 보세요.

그 사랑이 어떻게 열매를 맺고, 또 어떤 순간에 감동으로 다가오는지 함께 생각해 볼까요.

당신이 퇴근해서 돌아올 때, 복잡한 지하철 안에서 손잡이에 매달려 있었다고 가정합시다.

지하철은 퇴근하는 샐러리맨들로 초만원을 이루고 있습니다.

그럴 때 창 밖 경치에 문득 시선이 멈추었습니다.

순간, 소음이 멀어지면서 바깥 경치에 그의 모습이 클로즈업되고 마음이 따스해져 왔다면 당신은 이제 바로 황홀한 사랑의 감동에 싸여 있는 것입니다.

'아, 나는 행복해!'

마음 속으로 이런 말을 중얼거려 보세요.

그 순간, 사랑의 여신은 풍성한 사랑의 열매를 당신에게 안겨줄 겁니다.

사랑을 하는 여성 중에는 자기의 행복이 어쩐지 불안해져서 나쁜 방향으로 생각하려는 사람도 있습니다.

'이 행복은 오래 가지 못할 것만 같아.'

'머지않아 내가 다시 외톨이가 된다면 어떻게 하지?'

모처럼 어렵게 얻은 행복인데도 부정적으로만 보고 뒷걸음질치는 여성에게는 사랑의 여신도 등을 돌립니다. 그만큼 사랑과 불행은 어쩌면 서로 등을 맞대고 있는지 모릅니다.

'울고 싶을 정도의 감동적인 행복'을 결코 두려워해서는 안 됩니다.

그 상황을 솔직하게 받아들이고, '사랑의 하느님, 감사합니다'라고 되뇌이면서 거울 앞에 서서 미소를 지어 보세요.

그럴 때 당신의 눈동자는 틀림없이 반짝반짝 빛이 날 겁니다. 왜냐하면 사랑의 기쁨은 반드시 얼굴에 나타나거든요.

사랑은 이토록 사람을 정직하게 만듭니다.

멋진 사랑을 애써서 손에 넣었는 데도 신뢰하지 못하고,

'거짓말이야. 이건 틀림없이 착각일 거야. 내가 이런 행복을 차지할 수 있다니, 무언가 잘못되었어.'

하면서 부정적으로 생각합니다.

모처럼 잡은 행운을 당신 나름의 자신 없는 태도로 인해 놓치고 말 것인가요?

다시 한 번 강조하겠어요.

참된 사랑을 하면 당신은 언제나 감동에 싸여 있을 겁니다.

즉, 자기가 자신을 그렇게 만드는 것이지요.

'그이'를 생각하기만 해도 마음이 포근해집니다.

꽃만 보아도 말을 걸어보고 싶은 감동, 이것이 사랑입니다.

'마음씨가 고운 여성'을 남자들이 바라는 것은, 그러한 여성은 그런 감동도 받을 수 있다는 걸 잘 알고 있기 때문입니다.

'이 세상에 태어나기를 정말 잘 했어.'

'당신과 만나게 된 것은 큰 행운이야.'

이렇게 느낄 수 있다면 분명 당신의 사랑은 충분히 값진 열매를 맺을 것입니다.

Love Aphorism

헛된 사랑이었다고 말하지 말라. 사랑은 결코 낭비되지 않는다. 비록 그것이 상대방의 마음을 윤택하게 하지 못했다고 해도 그 물은 빗물과 같이 다시 그들의 샘으로 돌아와 새로움으로 가득 채워진다.

- 롱펠로 -

사랑을 오래 유지하는 방법

외국의 남성들은 흔히 여자의 검은 머리카락에 현혹되어 사랑을 느낀다고도 합니다. 이처럼 자기에게는 부족하거나 없는 것에 대한 동경에서 싹트는 사랑이 일반적인 현상입니다.

이와는 반대로, 가치관의 일치에서 시작되는 사랑도 있습니다. 이런 사랑은 처음부터 공통점이 있어 신선함이 약간 떨어질 수도 있습니다.

또 사랑을 초월한 우정 관계의 경우도 많겠지요.

이와 같이 연애에는 한편으로 유리해 보이는 가치관의 일치라는 것이 반드시 좋은 결과만 가져온다고는 단정을 지어 말할 수 없습니다.

이에 대한 예를 들어 보겠습니다.

매우 정열적인 두 사람이 만났습니다.

시도 때도 없이 서로 마주보고, 포옹하고, 달콤한 사랑의 밀어를 나눕니다.

서로 감성도 일치하여, 이보다 더 멋진 커플은 없을 거라고 두 사람은 운명 같은 사랑을 느낍니다.

　이 때 뜻하지 않은 결과가 생깁니다. 즉, 두 사람은 거기서 더 이상 올라갈 수 없다는 생각이 미치자 그만 당황하고 초조해합니다.

　이럴 경우, 이들을 찾아오는 것은 서로의 흠집을 찾아내려는 인간의 비정함 바로 그것입니다.

　그토록 정열적이었던 두 사람이 거짓말처럼 서로를 헐뜯고, 그리고 너무도 간단하게 헤어집니다.

　이렇게 되면 남자의 손에서 느끼던 그 다정 다감했던 감촉마저 니글니글한 기분 나쁜 촉감으로 바뀝니다.

　'내가 어떻게 저런 남자와 사랑을 했을까?'

　이런 독백을 남긴 채 두 사람은 제각기 자기의 갈 길로 갑니다.

　그렇다면 이러한 비극적 결과를 초래하는 사랑을 오래도록 지속시키기 위해서는 어떻게 하는 것이 좋을까요?

　그 때 그들은 서로의 가치관이 처음에는 일치되어 곧 사랑에 빠지게 되었습니다. 그래서 자기들보다 더 멋진 커플은 없다고 생각했지요.

　그런데 결과는 빗나갔습니다.

　그렇다면 그런 가치관을 한번 바꿔보면 어떨까요? 다시 말해서 두 사람이 새로운 가치관을 창조적으로 만들어 보는 것입니다.

　예를 들면 음악인이어서 스튜디오에 파묻혀 있는 남자, 그리고 사무실과 집만을 오가던 여자가 더 이상 실내에만 갇혀 있지 말고 야외로 자주 나가 봅니다.

　"우리, 테니스 치러 가요."

"낚시하러 갈까요?"

이같이 익숙함으로 타성에 젖은 관계를 다시금 재연시키려면 지금까지와는 전혀 다른 세계로 두 사람의 눈길을 돌려볼 필요가 있습니다.

한식 요리·중화 요리·서양 요리까지 질려 버렸다면, 이번엔 파키스탄 요리에 도전해 보는 식으로 말입니다.

이를테면 우선 전문점을 찾아 시식해 본 후, 다음에는 요리책을 사서 연구하고, 직접 요리 재료를 구해 만들어 봅니다.

그리하여 주말에는 친구들을 초대하여 그 동안 연구하고 실습했던 파키스탄 요리로 파티를 열어도 좋겠지요.

그러므로 사랑을 오래도록 지속시키려면 이와 같이 두 사람이 미지의 세계에 도전해 보는 것이 아주 좋은 방법입니다.

한때는 위태로운 관계까지 갔으나, 다시금 사랑을 찾아 오래도록 사랑을 간직하고 있는 커플은 주변에 무척 많습니다.

앞으로 연인을 가져보려는 당신,
지금 사랑을 하고 있는 당신,
일단 사랑을 했으면 오래도록 지속되어야 합니다.
무조건 상대방에게 응석만 부려서는 안 됩니다.
두 사람만의 방법으로 사랑을 오래오래 간직할 수 있는 방법을 찾아내야 합니다.

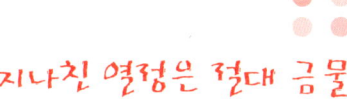

지나친 열정은 절대 금물

다음은 사랑을 기다리는 어느 여성의 말입니다.

"그이에 대해 생각하면 생각할수록 가슴이 두근거리고 몸이 달아올라요. 마치 열병에라도 걸린 것 같아요. 게다가 마주하는 사람들마다 그이로 보이고······."

그야말로 사랑에 빠진 여자의 말입니다. 그녀의 입에서 나오는 말은 넋빠진 사람처럼 '연인'에 대한 이야기뿐이었습니다.

그런데 처음에는 전혀 눈치채지 못했으나 그 이야기가 계속되면서 의아심이 생겼습니다.

'과연 저런 양상으로 진행되어도 사랑이 오래 계속될 수 있을까?'

그녀에게는 미안한 얘기지만, 아마 한 달도 못 가 끝나는 것이 아닐까 하는 걱정까지 들 정도였습니다.

그녀는 사랑에 푹 빠지는 스타일이었습니다.

처음에는 상대방 남자도 확실히 상기되어 그녀의 사랑에 동조하겠지요.

그러나 결국 남자는 스스로 지쳐 그녀에게서 멀어지지 않을까 염려되더군요.

그녀의 지나치게 정열적인 사랑에 제삼자라도 지쳐 버릴 지경인데, 더구나 연인이라면 더욱 그렇지 않을까요?

이렇듯 사랑에 온몸을 던지는 여자가 있습니다. 그녀들은 도무지 지칠 줄도 모릅니다.

연인 곁에서 언제나 쉬지 않고 '사랑의 속삭임'을 노래하려고 합니다.

남자도 처음에는 자기만을 위하여 부르는 노래에 감격해합니다. 그러나 끝날 줄 모르는 그 노랫소리에 점점 피로해져서 결국은 도망쳐 버리고 맙니다.

남자의 입장에서 보면,

"이런 여자는 가끔 만나 즐길 애인이라면 몰라도, 연인이나 아내로는 맞지 않아."

라고 말할 게 분명합니다.

정열적인 사랑은 멋진 일이죠. 그렇지만 주위를 둘러보더라도 지나치게 나 홀로 정열적인 여자의 사랑은 '반드시'라고 해도 좋을 만큼 오래 가지 못합니다.

그 '지나친 사랑'에 남자들은 숨을 헐떡이면서 슬쩍 꽁무니를 뺍니다.

사랑의 즐거움 중 하나는 혼자서 황홀한 마음으로 상대를 그려보는 겁니다.

오로지 나 한 사람만의 시간을 갖게 되면, 만나지 못하는 사랑이 오히려 사랑을 더 애틋하게 한다는 것을 깨닫기 마련이지요.

그러나 '지나치게 사랑하는' 여성은 그럴 시간적인 여유를 상대방에게 주려 하지 않습니다. 잠시도 떨어지지 않으려 합니다.

언제나 그와 함께 있고 싶고, 보고 싶기만 합니다.

이 같은 현상을 눈을 감고 곰곰이 그려보세요.

어떨 것 같나요?

이제라도 당신의 사랑을 오래도록 간직하고 싶다면 자기 홀로 '지나친 사랑'은 절대 금물임을 분명히 기억하고 있어야 합니다.

Love Aphorism

한번 연애가 맺어지면 그 관계에서 쉽게 빠져나올 수 없다. 연애는 없어질 수도, 또한 상대를 바꿀 수도 없다. 사랑하는 두 사람이 서로를 원하지 않게 되어도, 이해할 수 없게 되어도, 서로 충돌해도, 그리고 헤어져 있어도, 그것은 여전히 파괴되지 않는다. 하지만 실망이 되풀이 반복되면 사랑은 끝난다. 사랑을 약화시키는 것은 이러한 일관성이다.

- 알베로니 -

연인에게 세심한 배려를

　사랑하는 상대방 마음의 움직임이나 언동에 대한 다른 편의 반응을 이야기해 볼까요.
　연인 사이인 두 사람이 영화를 보러 갔습니다.
　매우 훌륭한 영화였지요. 돌아가는 길에 카페에 들러 차를 마시면서 상대방이 영화에 대한 자신의 감동이나 흥분된 장면을 이야기합니다.
　그 때 당신이,
"정말 그래요. 그 장면에는 저도 눈물이 나와 아주 혼났어요."
라고 진정으로 우러나오는 감동을 함께 할 수 있는 것, 이것이 '반응' 입니다.
　그리고 이 반응은 남녀 관계에서 결정적인 가치를 갖습니다.
　남자와 여자 모두 마찬가지이지만, 인간은 누군가와 함께 있을 때 자신의 말이나 행동에 대해 상대가 어떤 반응을 보이는가에 큰 관심을 갖습니다.

그리고 만약 상대가 자신이 기대하던 바와 같은 반응을 보여 주었을 때만큼 기쁜 일은 없습니다.
 특히 그 기쁨이 연인이었을 때는 최고조에 달합니다.

 또 이런 연인들도 있습니다.
 늦은 밤, 신선함이 넘치는 젊은 커플이 역 플랫폼에서 전철을 기다리고 있습니다.
 두 사람은 데이트를 마치고 집으로 돌아가려는 참인데, 아직은 서로 헤어지고 싶지 않은 기색을 느낄 수 있지요.
 그렇지만 서로 돌아갈 방향이 다릅니다.
 이윽고 남자가 탈 전철이 먼저 도착했습니다.
 그는 '안녕'이라 말하고는 차에 올랐으며, 전철은 이내 달리기 시작했습니다.
 마침 빈 자리가 있어서 청년은 거기에 앉습니다.
 그러고는 머리를 수그려 데이트의 여운을 음미하며, 다시 한 번 연인을 만나고 싶다고 생각합니다.
 그 때 문득 누군가가 그 앞에 섰습니다.
 올려다보니 지금 막 헤어진 여자였습니다.
 그는 무심결에 작은 탄성을 지릅니다.
 "헤어지기 싫어서 저도 모르게 타 버렸어요······."
라고 여자가 말했을 때, 남자의 기쁨은 어땠을까요?
 반응이 뛰어나게 걸맞은, 귀여운 여인에 대한 사랑은 한층 더 두터워질 겁니다.

part6 사당신의 사랑을 오래도록 간직하는 방법

그렇지만 이와 반대의 예도 있습니다.

남녀 두 사람이 서로 사이에 사랑에 빠졌습니다.

상대는 그의 이상형인 여성이고, 그녀 역시 이쪽에게 호감을 갖고 있다는 걸 압니다.

데이트도 잘 되었습니다.

남자는 그녀를 역까지 바래다 주었지요.

그런데 그녀는 개찰구에서 전송하던 그를 단 한 번도 뒤돌아보지 않고 재빠르게 계단을 올라 사라져 버립니다.

이 때 남자의 기분은 사랑의 여운을 음미하기는커녕 완전히 실망으로 변했습니다.

물론 두 사람 사이는 그것으로 끝이었지요.

상대방에 대한 반응이 좋다는 것은 선천적인 경우도 있겠지만 대개는 어느 정도의 노력도 필요합니다.

상대방이 나에게 무언가를 기대하고 무엇을 해 주기 바라고 있는지를 헤아려, 거기에 반응하는 것입니다.

그러기 위해서는 상대방의 말과 행동에 세심한 주의를 기울여야 합니다.

상대에 대한 좋은 의미의 배려입니다.

상대에 대한 세심한 마음, 혹은 섬세함을 평소부터 가지는 것이라고도 말할 수 있습니다.

무신경한 여자는 결코 거기에 걸맞은 반응을 느끼지 못합니다.

사랑을 위한 휴식기

사랑이 바야흐로 시작되면 단 1분 1초도 여유를 갖지 않고 그 사람을 빨리 만나고 싶어합니다.

또한 잠 못 이루는 괴로운 밤이 계속되고, 갑자기 밤마저 길게 느껴지기도 합니다.

그 초조함이란!

어찌하여 즐거워야 할 사랑이 초조나 괴로움으로 변하는 것일까요?

이것은 사랑의 초기에 남자들에게서는 결코 볼 수 없는 현상이기도 합니다.

그런데 이런 현상이 도대체 왜 일어나게 되는 것일까요? 그것은 한마디로 말해 '사랑에 대한 불안'에서 야기되는 겁니다.

남자들에게서 이러한 현상이 초기에 일어나지 않는 것은 이미 안정된 관계이므로 조금도 불안해할 요소가 없기 때문입니다.

그렇지만 그 사랑이 발전하여 연인의 경우가 되었을 때는 남자 역시 언제까지 평탄한 감정만 가질 수는 없습니다.

바로 거기에서 불안이 싹틉니다. 그리고 그 불안이 고통과 초조를 가져오는 원인이 됩니다.

그런데 이럴 때 사랑을 하고 있는 여자는 또 엉뚱한 방향으로 물꼬를 돌리기도 합니다. 그것은 흔히 말하는 바에 의하면 자신감의 결여 때문입니다.

"나는 당신을 사랑하는데, 당신은 나를 사랑하나요?"

하고 속시원히 물어보고도 싶지만, 대다수의 남자들은 여자들의 이런 식의 고백을 싫어합니다.

이럴 때는 사랑을 너무 재촉하지 말고 잠시 사랑을 휴식 상태로 두세요.

즉, 그에게 정면으로 다가서지 말고 잠시 멈춥니다.

그리고 괴롭더라도 잠시 뒷걸음질을 칩니다. 이것은 결과적으로 뜻밖의 효과를 낳기도 합니다.

본심을 드러낸 정면 돌파의 사랑에는 브레이크가 걸리기 쉽습니다.

'짧은 휴식'

언제나 귀찮도록 전화를 걸던 당신이 전혀 하지 않는다면 어떻게 된 것일까요?

남자에게는 당신이 전화를 걸지 않은 것이 오히려 불안감을 주어 그는 반드시 전화를 걸어옵니다.

그러니 그 때까지 기다리고 있으면 됩니다.

'하지만 그러는 사이에 다른 여자에게 빼앗기면 어쩌지?'

하고 걱정하는 여성도 있겠지요. 그러나 안심하세요.

한 순간, 그가 다른 여자에게 눈길이 쏠린다고 하더라도, 그는 반드시 당신에게 옵니다.

밀고 당기면서, 웃고 울면서 이제 그와 당신의 사랑은 오래도록 지속됩니다.

이것이 중요한 사랑의 키 포인트입니다.

사랑이란 시작보다도 어떻게 오래 지속시키느냐가 훨씬 더 어렵습니다.

이런 것들을 종합해서 생각하면 초조는 금물이라는 것을 이해할 수 있겠지요.

일시적인 감정에서 적극적으로 나가는 것은 절대 금물입니다. 너무 상대방이 좋다고 자신 만만하게 고백하거나, '나만을 보세요' 라고 강요하면 안 됩니다.

이럴 때 남자들은 지나치게 정직한 말에 대해 어쩔 줄 몰라합니다. '좋아하는 다른 남자가 있는 모양이군요.'

이렇게 오해할 수도 있는 문제입니다.

그는 실제로 당황했을지도 모릅니다.

여자의 지나친 자신감과 초조가 상대방의 마음을 변하도록 하는 슬픈 결과를 낳게 되는 일이 얼마나 많은가요.

이런 비참한 결과가 되지 않도록 신중하게 여유를 갖고, 약간의 휴식을 취해 보세요.

매력적인 여자로서의 테크닉

최근 들어 여성들이 상당히 터프해졌습니다. 자기 뜻을 자신 있게 말하고, 남성들 못지않은 사회 경력도 몸에 익혀 당당한 모습입니다.

게다가 얼굴이나 몸매도 서양인들과 비슷하게 변해 가고 있습니다. 이미 서양 콤플렉스라는 말은 사라진 지 오래입니다.

반면에, 사랑에 대해서는 놀라울 정도로 고독한 여자들이 많아졌습니다. 이것은 한 마디로 여자들의 '자신감 과잉'이 큰 원인이라고 할 수 있습니다.

한편, 남성들은 어느 때부터인지 스스로 남자로서 자각하고 긍지를 되찾기 시작했습니다.

어느 젊은 남자가 한 TV 인터뷰에서,

"여자를 위해 돈과 시간을 낭비하는 것처럼 바보스런 일은 없습니다. 차라리 친구들끼리 공동 부담으로 노는 편이 훨씬 더 낫거든요."

하고 말하는 것을 볼 수 있었는데,

"여자에게 굽신거리다니, 바보 같은 남자들이나 하는 행동이지요."

이 인터뷰에 답한 남자는 젊지만 지성적이었고, 멋진 분위기마저 풍기고 있었습니다.

그 프로를 보았을 때, 남자들은 영리해진 반면, 여자들은 오히려 뒤처진다는 위기감이 고개를 들었습니다.

사실 현실이 그런 방향으로 흐르고 있습니다.

그렇지만 아직도 그러한 사실을 자신감 과잉의 여자들은 제대로 깨닫지 못하고 있습니다.

정녕 그 점이 두려울 따름입니다.

흔히 레디 퍼스트의 관습이 있는 외국에서는 여성이 남성보다 강한 것처럼 인식되고 있습니다.

그러나 실제로는 외국 여성들이 훨씬 더 남성을 조심스레 대합니다.

특히 그녀들은 남자의 위신을 잘 세워줍니다. 또한 남자들에게 매우 조심성이 있고 예의도 바릅니다.

어려서부터 부모나 형제 자매에 대해서도 아무리 사소한 일이지만 '미안해', '고마워'를 철저하게 배웁니다.

그녀들은 부모에게 '그것 좀 집어줘'하고 응석조로 말하거나, '고맙다'는 말 한 마디 하지 않는 한국의 젊은 여성들을 본다면 매우 충격을 받을 것입니다.

이것은 사랑에도 당연히 적용된다 하겠습니다.

그녀들은 아무리 자신들이 캐리어가 풍부하더라도, 절대로 자신들이 여자라는 사실을 잊지 않습니다.

매력적인 그녀들은 데이트를 할 때 역시 매력적인 여자가 됩니다. 결코 남자의 말을 복종적으로 듣는다는 뜻이 아닙니다.

겸손한 자신감을 언제나 번뜩이면서도 상대편보다 더 잘 아는 분야에 대해서 그것을 강조하거나 교만해하지 않습니다.

그리고 자신의 회화에 템포를 맞추면서 재치 있게 대화를 이끌어가는 테크닉을 그녀들은 갖고 있습니다. 특히 오래 사귄 연인끼리는 더욱 그렇습니다.

서로 상대방을 존중하고, 또 자기 자신에게 자신감이 있으므로 스스로 넘치는 일 없이 자연스럽게 행동할 수 있습니다. 또한 마음을 언제나 크고 넓게 가지므로 상대방에게도 상냥하게 대할 수 있습니다.

바꾸어 말하면, 그녀가 갖고 있는 자신감을 겸손한 자신감으로 바꾸어 표현함으로써 보다 더 자기 자신을 돋보이게 한다는 것입니다.

이것이 그녀들의 사랑을 오래도록 지속시킬 수 있는 비결이 아닐까요?

Love Aphorism

여자는 자신의 장점 때문에 사랑을 받게 되는 경우에 때로는 감동하지만, 언제나 소망하는 것은 자신의 결점을 사랑해 주는 사람이다.

- 프레보 -

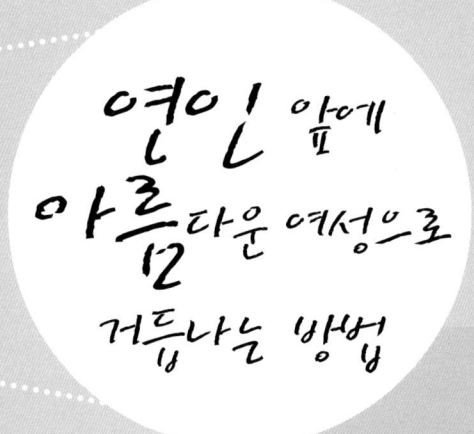

연인 앞에 아름다운 여성으로 거듭나는 방법

윤기 있고 매끄러운 머리카락에는 누구나 매료됩니다. 당신의 특권을 마음껏 즐기세요. 화장을 한 다음 1미터 체크! 자연광 속에서의 마지막 체크! 사무실에서의 메이크업 체크!

화장 후 체크 포인트 235
작은 얼굴 윤곽 만들기 238
연인이 좋아할 헤어 스타일 241
맵시 있게 옷 입기 243
신발로 패션 마무리 246
사과 다이어트로 몸매 가꾸기 248
연인을 위한 향수 만들기 251
일상에서 지성적인 여성으로 253

화장 후 체크 포인트

화장을 하고 난 뒤에는 거울을 1미터 앞에 둔 다음 체크하도록 하세요. 이것은 아주 간단하면서도 매우 중요한 키 포인트입니다. 왜냐 하면 보통 사람과 사람이 서로 마주하는 거리는 약 1미터라고 합니다.

그런데 우리가 하는 화장 체크는 언제나 더 가까운 거리가 되기 쉽습니다. 다시 말해 화장을 할 때나 고칠 때도 아주 가까운 거리에서만 다듬기 쉽습니다.

당신이 무엇보다 신경을 써야 할 것은, 연인이나 타인과 마주하는 가장 안정된 거리가 '1미터'임을 알고 있어야 합니다. 이것은 아주 중요한 키 포인트이므로 반드시 명심해야 합니다.

그리고 화장할 때 또 한 가지 특별히 주의해야 하는 것이 '빛'입니다.

연인과 데이트하는 장소는 실내만이 아닙니다.

한낮의 데이트라면, 공원·호수·바다 등에는 당연히 자연의 빛에 노출돼 있기 마련입니다.

그렇지만 바다와 접해 있는 별장의 테라스가 아닌 이상, 대개 화장은 실내에서 하게 됩니다. 언제나 실내에 맞추어 한 당신의 화장을 생각해 보세요.

빛의 밝기가 떨어지는 실내에서 한 화장은 자연광 속으로 나가서 보면 화장이 너무 두터운 경우가 많습니다. 특히 데이트할 때는 이 점을 조심해야 합니다. 왜냐 하면 대개 너무 짙은 화장으로 다듬어져 있기 때문이니까요.

자연광 속에서 보는 당신의 화장은 상대방에게 너무 돋보여서 '진한 화장을 하는 여자'라는 이미지를 주게 됩니다. 한 마디로 이것은 빛으로 인한 비극입니다.

그러므로 화장한 다음에는 자연광 속에서 거울을 앞에 놓고 반드시 체크하세요. 틀림없이 파운데이션이나 루즈를 너무 짙게 발랐다고 느끼게 될 겁니다.

이번에는 같은 회사에서 근무하는 연인을 둔 여자 쪽에 대한 얘기입니다.

사무실 조명은 유감스럽게도 너무 잔혹합니다. 대부분의 여성들은 얼굴이 창백해 보입니다.

사무실에서 근무하는 당신도 자신의 얼굴이 환하지 않다는 사실을 느끼지 않습니까?

직장에서는 당연히 화장을 짙게 하지 않는 게 좋겠지만, 그래도 볼연지만은 짙게 발라보세요. 사소한 일이지만 놀라울 정도로 얼굴이 환하게 보일 겁니다.

자, 지금 그이에게 이런 화장으로 살며시 다가가 보세요.

그리고 다시 한 번 머릿속에 담아두세요.
화장을 한 뒤에는 1미터 체크!
자연광 속에서의 마지막 체크!
사무실에서의 볼연지 체크!
이 세 가지 체크 포인트를 절대 잊지 마십시오.

ove Aphorism

　사랑은 여자의 수치심을 둔화시키고, 남자의 수치심을 예리하게 만든다.

- 장 파울 -

작은 얼굴 윤곽 만들기

'어떤 윤곽을 한 얼굴을 좋아하십니까?'
라고 한 잡지사에서 앙케트를 했는데, 대부분의 남성들은 '작은 얼굴'이라고 대답했다고 합니다.

이와 같이 최근에는 대다수의 남성들이 '작은 얼굴'의 여성을 선호하는 것 같습니다.

텔레비전에서 압도적으로 인기 있는 여자 탤런트들은 대다수가 얼굴이 작습니다. '작은 얼굴'은 의상도 달라 보이게 합니다.

그렇지만 불행하게도 얼굴은 골격 그 자체를 바꿀 수가 없습니다. 그렇다고 비관만 하고 있을 필요도 없어요. 당신의 얼굴 역시 '작게' 할 수 있으니까요.

인간의 얼굴 피부 밑에는 피하지방(皮下脂肪)이 있어서, 뚱뚱해지면 그 곳에 지방이 축적됩니다. 거기에다가 특히 얼굴에는 지방이 붙기 쉬워 그것이 얼굴을 크게 보이게 하는 원인이 됩니다. 이 지방을 제거해 버리면 자연히 얼굴도 작아지게 됩니다.

그럼 여기서 누구라도 쉽게 할 수 있는 얼굴 윤곽을 아름답게 하는 마사지를 소개합니다.

① 먼저 집게손가락·가운뎃손가락·약손가락을 나란히 하여 눈 아래에서 관자놀이까지 가볍게 문지르는 기분으로 이동시킵니다.
② 다음에는 콧날 양쪽 움푹한 곳에서 관자놀이로,
③ 턱의 중심 부분에서 귀 뒤로,
④ 귀 뒤에서 아래로, 그리고 어깨까지.

이와 같은 동작을 3~5회 되풀이합니다.

그런 다음에는 얼굴 전체를 가볍게 두들겨 줍니다.

특히 살을 빼고 싶은 부분을 50~70회 정도 집중적으로 패팅해 보세요. 이러한 마사지는 아침이나 저녁에 하는 것이 이상적입니다.

작은 얼굴은 선천적으로 타고난 골격도 있겠지만, 작업이나 목소리 훈련·연기 등을 통해 안면 근육을 움직이게 함으로써 더욱 단련이 되기 때문에 작은 얼굴로 만들 수 있습니다.

또 입을 크게 벌려 여러 형태로 움직이는 것도 큰 도움이 됩니다.

그러므로 미용실 같은 곳에 가서 비싼 돈을 지불할 필요 없이 매일 하루도 거르지 않겠다는 자기 자신의 마음가짐에 따라서 얼마든지 작은 얼굴로 가꿀 수가 있습니다.

오늘부터라도 꼭 해 보세요.

또 다른 하나의 방법은, 메이크 업으로도 얼굴을 작아 보이게 할 수 있습니다. 파운데이션이나 파우더를 사용하는 방법에 따라서는 얼굴을 입체적으로 보이게 할 수 있다는 말입니다.

"그렇지만 나는 화장이 서툴러서."

하지만 아주 간단하므로 이런 걱정은 하지 않아도 됩니다.

매일 사용하는 파운데이션보다 약간 밝은 색의 파운데이션을 하나 더 준비하세요.

그것을 T존과 광대뼈 부분에 살짝 바릅니다. 그뿐입니다. 아주 간단하지요. 이것만으로도 자연스럽게 입체감을 낼 수가 있습니다.

그리고 볼연지를 관자놀이에서 광대뼈 아래쪽으로 살짝 터치해 줍니다. 또한 턱이 이중으로 되어 있으면 그 라인에다 합니다.

자기가 잘 보이려는 부위에 볼연지를 살짝 바르는 것만으로도 악센트가 강조되어, 얼굴 윤곽이 탄력적으로 보입니다.

이 방법들을 꼭 시험해 보세요.

그 밖에 눈꺼풀이나 입술을 돋보이게 하는 것만으로도 윤곽을 돋보이게 할 수 있습니다. 입술 라인을 좀 크게 그려 보시지요. 이것 역시 얼굴이 작아 보이게 하는 멋진 포인트 중의 하나입니다.

● Love Aphorism

남자는 악마 같은 여자에게도 아름다운 천사의 옷을 입힌다.

- 드 나바르 -

연인이 좋아할 헤어 스타일

여자들의 헤어 스타일에는 '인기 있는 헤어 스타일'과 '인기 없는 헤어 스타일'이 있습니다.

"헤어 스타일을 보면 그 사람의 인격이나 생활까지도 알 수 있어."

이렇듯 놀라운 말들이 남자들의 입에서 예사로 튀어나옵니다.

그렇다면 역시 '인기 있는 헤어 스타일'로 꾸며야겠다는 생각을 하게 되는 것은 여자의 당연한 마음이겠지요.

어느 잡지사에서 남성을 상대로 한 조사에 의하면, 압도적으로 인기 있는 헤어 스타일은 세미 롱의 스트레이트였습니다.

그리고 롱 스트레이트, 쇼트 봅, 짧은 쇼트로 이어집니다.

이런 것을 보면 역시 남성들은 아직도 '보수적인 헤어 스타일'을 좋아하는 것 같습니다.

여기서 또 하나 재미있는 사실은, '좋아하는' 헤어 스타일에 들어 있는 짧은 쇼트형이 '싫다'는 쪽에도 들어 있다는 겁니다. 그 이유는 '여자답지 않다'는 것이었습니다.

그리고 '유행의 첨단' 같은 느낌을 주는 헤어 스타일로서 지나치게 외향적인 것은 좋지 않다는 의견이 두드러집니다.

쉽게 말해 '평범한 아가씨풍'이 남자의 마음을 부드럽게 안심시키는지도 모르겠습니다.

그러나 이것은 어디까지나 앙케트의 결과입니다.

여기서 꼭 알아두어야 할 것은 짧은 머리이거나 말괄량이 스타일이라도 '자기에게 어울리느냐, 안 어울리느냐'하는 사실이 더 중요하다는 겁니다.

헤어 스타일 다음으로 남성들이 관심을 갖는 것이 아름다운 머리결입니다.

그 첫째는 무엇보다도 청결로서, 기름기나 비듬, 삐져나온 머리카락이 없어야 하는 것은 기본입니다.

누구나가 윤기 있고 매끄러운 머리카락에는 매료됩니다. '청결'과 '잘 어울리는 스타일'에 포인트를 두고 다시 한 번 헤어 스타일을 체크해 보세요.

오히려 자기 마음에 드는 헤어 스타일이 매력을 반감시키는 스타일이 될 수도 있습니다.

그러므로 그 어떤 말이든지 다 할 수 있고 들어주는 친구나 어머니, 또는 미용사에게 자신한테 어울리는 스타일을 물어보는 것도 한 방법이겠지요.

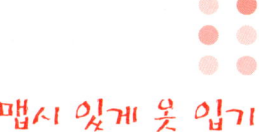
맵시 있게 옷 입기

아무래도 직장 여성의 옷은 '아메리칸 패션', 즉 산뜻한 수트(suit)형이 좋습니다.

그런데 대개 여성들은 일을 끝마친 후의 개인적 시간을 마음껏 즐기고 싶어합니다.

바로 이럴 때 권하고 싶은 것이 '프렌치 패션'입니다.

이 '프렌치 패션'의 첫 포인트는 그날의 기분을 반영한다는 사실입니다.

우선 어떤 옷, 어떤 색깔로 골라야 할까요?

직장에 출근해야 하므로 물론 파티에 가는 차림을 할 수는 없습니다.

어디까지나 심플하고 일에 지장이 없는 옷, 그러면서도 여성스러운 분위기를 낼 수 있는 것으로 고르면 좋겠지요.

프랑스 여성들은 아무리 회사라 하더라도 '여자'라는 의식을 결코 잊지 않습니다.

예를 들면 재킷 속에 입을 옷을 고를 때도 딱딱한 느낌의 셔츠보다는 부드러운 소재로 만든 블라우스로 여성다움을 강조하는 것이 좋은데, 이것은 프랑스식입니다.

앞가슴 부분이 약간 파인 옷이라도 당당하게 입고 출근합니다. 디자인이 심플하다면 결코 야하게 보이지는 않을 테니까요.

덧붙여 체인식 목걸이.

그리고 액세서리를 지나치게 몸에 달지 않는 것이 좋습니다. 이것은 오히려 어색한 패션을 부각시킨다는 사실을 잊지 마세요.

레이스나 공단 드레스도 부담 없는 모임에 갈 때는 멋이 있습니다.

뭐니뭐니해도 멋진 의상은 여성들만이 몸에 걸칠 수 있는 특권입니다. 그러니 마음껏 즐겨 보세요.

이와는 달리, 가죽 재킷이나 턱시도 등 남성적인 옷을 걸쳐도 멋진 느낌을 주기도 합니다.

이 경우의 액세서리로는 벨트나 장갑으로 포인트를 주며, 색다른 분위기를 낼 수 있습니다.

이런 식으로, 어디까지나 당신 자신의 분위기를 소중히 하면서 좀더 대담한 드레스에도 도전해 보세요. 차츰 익숙해지면 당신 스타일로 정착할 수 있습니다.

그 외에도 가령 턱시도의 재킷에 오간디(organdy ; 얇은 반투명의 탄력 있는 모슬린 옷감), 두 겹으로 만든 블라우스, 폴리에스텔 타프트 스카프도 멋지게 보입니다.

여러 가지로 맞추어 보며, 자기에게 어울리는 스타일이나 소재 등을 찾아보세요.

그렇지만 중요한 점은 '어디까지나 옷을 잘 입는 것'은 자연스러워야 한다는 사실입니다.

앞에서도 지적한 것처럼 귀고리에다 네크레스에, 벨트에다 모자 하는 식으로, '줄줄이 패션'은 멋이 아닙니다.

따라서 당신이 포인트로 하고 싶은 것 하나, 거기에 보조적인 것 하나면 충분합니다. 이것만으로도 당신은 여성으로서 갖는 품위와 세련미를 뽐낼 수 있고, 동시에 충분히 멋쟁이가 될 수 있습니다.

Love Aphorism

두려움은 사랑이 스며들 공간을 막는다. 그것을 버려야 더 많은 사랑이 쏟아질 것이다.

- 헨리 -

신발로 패션 마무리

지난날에는 여성들의 구두라면 당연히 하이힐이 동경의 대상이었습니다. 하이힐을 신고 있는 자태의 아름다움, 하이힐을 멋있게 신는 여성은 보기만 해도 매력 만점이지요.

그렇지만 하이힐을 잘 신기란 매우 어려우며, 여성이라면 누구나 그 어려움을 한 번쯤은 겪어 보았을 겁니다.

그리고 복장에 따라 맞는 신발과 맞지 않는 신발이 있으므로 꼭 하이힐만 고집할 필요는 없습니다.

어떤 유명한 신발 디자이너는 이렇게 말하고 있습니다.

"하이힐에 가장 맞지 않는 옷은 미니 스커트다."

이 미니 스커트에는 굽이 낮은 슈즈가 좋습니다. 그리고 길이가 길고 품위 있는 스커트에도 낮은 신발이 좋다고 합니다.

하지만 섹시함의 여부를 중시하는 프랑스에서는 굽 낮은 신발 시대가 계속되고 있으나, 그 반동으로 하이힐에 대한 인기도 높아지게 되었습니다.

파리의 어느 양화점에서 일하는 한 여성은 검정색 캐시미어 스웨터에 미니 타이트 스커트, 진주 목걸이에 볼이 좁은 하이힐 차림을 했는데, 미니 스커트와 하이힐의 콤비가 매우 산뜻해 보였습니다. 어쩌면 이제까지 굽 낮은 신발은 여학생이나 임산부가 신는 신발로 여겨져 온 듯한 생각이 들 정도였습니다.

그러나 지금은 굽 낮은 신발이든 하이힐이든 각자 자기의 개성을 살리면서 패션의 소도구로 이용되고 있습니다.

"패션은 신발을 고르는 순간 이미 결정되었다."

이렇게 말할 정도로 신발을 고르기란 매우 중요합니다.

키가 작은 사람은 조금이라도 더 커보이게 하기 위해 하이힐을 많이 신지만, 오히려 이것은 역효과를 내기도 합니다.

무엇보다 신발을 고를 때는 전체적인 조화를 감안하여 선택하는 게 중요합니다.

이처럼 옷과 구두의 조화는 가지각색입니다.

샤넬풍의 수트에 플랫 슈즈. 그리고 품이 꽉 조이는 롱 스커트를 더욱 강조한 다음 섹시함을 드러내기 위한 하이힐. 이와 반대로 긴 스커트를 플랫 슈즈로 캐주얼하게 연출하고, 헐렁한 팬츠에 경쾌한 느낌을 주는 헝겊 슈즈가 어울립니다.

이와 같이 구두는 장신구의 하나로도 매력적인 존재입니다.

어떤 호텔 도어맨이 다음과 같이 재미있는 말을 하더군요.

"그 사람의 생활관은 신발을 보면 알 수 있지요."

이쯤되면 진짜 멋은 구두에 있다고 해도 틀린 말은 아닐 거예요.

사과 다이어트로 몸매 가꾸기

서점에서 '다이어트'라는 제목이 붙은 책을 쉽게 찾아볼 수 있습니다. 이런 현상은, 많은 여성들이 '다이어트 증후군'에 시달리고 있다는 증거라 해도 과언은 아니겠지요.

그런데 과연 효과면을 알아보면, 아무리 주위를 둘러봐도 큰 효과를 봤다는 사람은 별로 없는 것 같습니다.

"외로운 여자는 뚱뚱해진다"라는 말이 여성들의 입에 오르내리고 있습니다.

마음이 충족되지 못한 여성들은 그 허전함을 마구잡이로 먹는 데서 찾으려는 성향을 갖고 있는지도 모릅니다.

따라서 역으로 말하면 "사랑을 하는 여자는 날씬하다"라는 말에도 수긍이 갑니다.

다이어트하는 방법에는 여러 가지가 있겠지만, 어쨌든 뚱뚱해지고 싶지 않다면 무엇보다 먼저 간식을 하지 않아야 합니다. 이것이 최상의 다이어트법이라고도 할 수 있습니다.

다음에는 편식하지 않아야 합니다.

모든 것을 균형 있게, 그리고 배가 약간 덜 차는 정도로 식사를 한다면 이상적인 체중을 유지할 수 있습니다.

그리고 보다 더 야위고 싶은 사람에게는 특별히 '사과 다이어트'를 권합니다. 사과는 미용에도 좋을 뿐 아니라, 포만감을 느끼게 한다는 점에서도 큰 장점이 있습니다.

이 사과 다이어트를 할 경우, 세 번 식사를 하더라도 멋진 몸의 균형을 유지할 수 있습니다.

이 다이어트는 사과를 식사하기 전에 먹는 방법인데, 그렇게 하면 포만감을 얻을 수 있어서 자연히 과식을 피할 수가 있습니다.

무엇보다 사과라면 칼로리 계산 따위의 귀찮은 짓을 하지 않아도 된다는 점이 큰 매력입니다. 다시 말해 '3일 동안 사과만' 먹어야 한다든가, '샐러드만' 먹어야 한다는 중압감이나 의무감 같은 것은 갖지 않아도 된다는 말입니다.

식사 전에 사과 한 개를 먹고, 그 후에는 반드시 균형이 잘 잡힌 식사를 적당히 하는 것으로 충분합니다.

무리한 다이어트는 오히려 영양의 균형을 잃게 함으로써, 피부를 거칠게 하거나 윤기마저 잃게 합니다.

그러므로 사랑하는 사람 앞에서 아름다운 몸매를 유지하려는 당신에게는 매우 위험한 일입니다.

지금부터는 사과를 씹을 때,
"나는 아름다워진다."

하고 입버릇처럼 되뇌어 보세요.

몸과 정신의 균형, 이것이 하나로 되었을 때에야 비로소 당신은 아름다워집니다.

"나는 아름다워진다."

이런 생각을 하는 것만으로도 효과가 커집니다.

Love Aphorism

성숙하지 못한 사람은,
"내가 당신을 필요로 해서 당신을 사랑합니다."
라고 말하지만, 성숙한 사람은,
"내가 당신을 사랑하기 때문에 당신을 필요로 합니다."
라고 말한다.

- 에리히 프롬 -

연인을 위한 향수 만들기

향수를 고르는 일은 쉬울 것 같으면서도 매우 어렵습니다. 왜냐 하면 향수는 우선 무엇보다 나이를 고려해서 골라야 하기 때문입니다. 이것을 대수롭게 생각하면 멋져야 할 처녀가 느닷없이 아줌마로 되어버리는 경우가 있습니다.

다음에는 당신이 지니고 있는 분위기를 고려해야 합니다. 즉, 나이에 따른 분위기를 참작하여 골라야 합니다. 우리가 흔히 알고 있는 미스 디오르는 20대 여성에게 무난하다고 여겨져 왔습니다. 그렇지만 20대 여성 모두가 이 향수만 사용한다면 저마다의 독특한 개성을 나타내지 못하는 결과를 만들게 되므로 별반 재미가 없을 겁니다.

향기도 당신의 일부입니다. 그러므로 다른 사람들과 똑같다면 주목을 받을 수 없지요. 역시 '자기만의 독특한 향기'가 필요합니다.

이제 독특한 '자기만의 향기'를 어떻게 만드는지 그 비법을 가르쳐 드리겠습니다.

먼저 당신이 좋아하는 향수를 세 가지 준비합니다.

첫째 향수를 귓볼에, 둘째 향수는 손목에, 셋째 향수는 무릎 안쪽에. 이렇게 하면 자연스레 세 가지 향수가 뒤섞여 당신을 분위기 있게 은근히 감싸줍니다.

이것만으로 즉시 '당신만의 향기'가 만들어진 셈입니다. 그래서 평범한 향기가 갑자기 개성적이 되어 당신을 돋보이게 합니다.

그러나 향수를 많이 뿌린다고 해서 좋은 것은 아닙니다. 오히려 향수를 많이 뿌리면 악취만 날 뿐 그 특유의 냄새는 이미 사라지므로 약간만 사용합니다. 그리고 향수는 당신이 뚜렷하게 돋보일 수 있는 파티나 데이트, 또는 콘서트 등 효과가 가장 잘 나타날 수 있는 장소에서만 사용합니다.

"어떤 향수를 쓰시지요?"

이렇게 누군가 물으면, 평소 당신이 좋아하는 단어를 적당히 지어 말해 주는 것도 센스 있는 한 가지 방법이겠지요.

'○○만의 독특한 향수'하는 식으로 당신의 이름을 넣어 짓는 겁니다.

이런 식으로 당신만의 향수를 즐긴다면 매력적이 될 수 있습니다.

Love Aphorism

사랑이 죽는다는 것은 결코 있을 수 없다. 왜냐 하면 사랑은 불멸이기 때문이다.

- 디킨슨 -

일상에서 지성적인 여성으로

'지적(知的)'이라는 말은 애당초부터 자신과는 인연이 멀다고 외면하는 여성이 있습니다.

그렇다면 이 '지적'이란 도대체 어떤 뜻일까요?

한 마디로 지적인 여성이란 '매너가 좋은 여성'이 아닐까요?

만약 이 말이 그다지 틀린 뜻이 아니라면 마음만 먹으면 누군든지 '지성적인 여성'이 될 수 있습니다.

흔히 회화에 뛰어난 사람도 지적이라 합니다.

그런 여성들은 자기가 갖고 있는 지식을 결코 과시하지 않고, 오히려 지성이 있기 때문에 상대방에 대한 배려를 잊지 않습니다. 바로 여기에 지적인 여성의 포인트가 있습니다.

이와 반대로, 아무리 높은 지식을 갖고 있더라도 그것을 지나치게 드러내 보여 빈축을 사는 사람도 있습니다. 바로 현학 취미를 가지고 있는 사람이 그렇습니다.

또한 갖고 있는 지식을 제대로 활용하지 못한 채 외면당하는 사람들도 의외로 많이 있습니다. 확실히 이런 사람에게서는 '지적인 것'은 찾아볼 수 없습니다. 그러므로 이렇게 되지 않으려면 지성적으로 되기 위한 훈련이 필요합니다.

그렇다면 구체적으로 '지적인 여성'이 되기 위해서는 어떻게 하면 좋을까요?

먼저 주위에서 간단히 할 수 있는 것부터 생각해 보세요.

그리고 평소의 사소한 일에도 깊은 관심을 기울여야 합니다.

만약 요리에 흥미를 갖고 있다면 그릇에도 당연히 관심을 갖게 마련입니다.

또 미술 감상에 취미가 있다면 화가에 대해서도 관심이 있을 테고요.

이처럼 자기 주변에서부터 '지적으로 되기 위한 훈련'을 찾아냅니다.

또한 상대방의 마음에 들기 위해서는 자연히 '좋은 매너'를 익혀야 합니다.

이와 같은 일상 생활을 해나가는 방법이 '지적인 여성'을 만드는 포인트입니다.

시간이 없다는 핑계는 대지 마세요.

사소한 일에도 관심을 가지고 접하게 되면 일상 생활 속에서 얼마든지 '지적인 시간'을 만들 수 있습니다.

예를 들어 신문을 읽는 것도 한 가지 방법입니다.

신문에서 흥미가 갈 만한 기사가 눈에 뜨이면 도서관에 가서 더 상세한 지식을 얻도록 합니다.

이것이야말로 '지적인 여성'이 되고자 하는 도전의 첫걸음이 됩니다.

신문에서 연예계 소식이나 TV란만 보지 말고, 이제 이 시점에서 눈을 돌리기 바랍니다.

그리고 거울 앞에 서서 다시 한 번 자기의 얼굴을 바라보세요. 자신의 그 얼굴에 만족할 수 있습니까?

만약 고개를 가로 젓는 당신이라면 지금 당장 방에만 있지 말고 꽃이라도 사러 나가보세요.

꽃을 고르는 안목, 그것을 꽂아둘 꽃병에 대한 관심 등등 이런 일에서도 당신에게 지성을 넓힐 수 있는 기회가 얼마든지 있습니다.

Love Aphorism

남자들은 어리석은 여자를 좋아하는 것이 아니라, 적당한 시기에 바보인 척할 줄 아는 여자를 좋아하는 것이다. 필요할 때 바보인 척할 줄 아는 것은 슬기로운 여자의 기본적인 자질이다.

- 엘드리지 -

연애 성공을 위한 check point

1판 1쇄 찍은날 2007년 9월 20일
1판 1쇄 펴낸날 2007년 9월 30일

지은이 / 샘 로즈
옮긴이 / 서지혜
디자인 / 정은영, 김범석
펴낸이 / 김영길
펴낸곳 / 도서출판 선영사
주 소 / 서울시 마포구 서교동 485-14 영진빌딩 1층
전 화 / (02)338-8231~2
팩 스 / (02)338-8233
등 록 / 1983년 6월 29일(제02-01-51호)

ⓒ Korea Sun-Young Publishing Co., 2007

ISBN 978-89-7558-171-7   03840

잘못된 책은 바꾸어 드립니다.